C.H.BECK ■ WISSEN

in der Beck'schen Reihe

AF198003

Den Ruf als Stadt der Künste verdankt Florenz seiner Blütezeit im 14. bis 16. Jahrhundert, als sich am Arno Künstler und Gelehrte von Weltrang versammelten und eine neue Epoche, die Renaissance, begründeten. Dante und Boccaccio schufen hier ihre Meisterwerke. Der Architekt Brunelleschi entdeckte die antike Baukunst neu. Leon Battista Alberti formulierte die Prinzipien der Zentralperspektive. Maler wie Giotto, Masaccio und Botticelli zeigten den Menschen erstmals individuell und psychologisch differenziert. Marsilio Ficino verkündete eine Synthese von Christentum und Platonismus, Pico della Mirandola die Gottähnlichkeit des Menschen, und Leonardo da Vinci verkörperte das Ideal eines Universalgenies. Michelangelo schuf in Florenz seinen David, Donatello die Statue des heiligen Georg. Der Prediger Savonarola träumte von einer Tugenddiktatur, während Machiavelli und Guicciardini das Verhältnis von politischer Macht und menschlicher Natur neu bestimmten. – Warum wurde gerade die Hauptstadt der Toskana zu einem solchen Labor des menschlichen Geistes? Volker Reinhardt beschreibt die Entwicklung der Stadt von den Anfängen in der Antike über den Aufstieg der Medici zu den Herren von Florenz bis in die Neuzeit. Der Schwerpunkt liegt dabei auf der Renaissance und dem einzigartigen Zusammenspiel von Politik und Kunst, bei dem die Künstler die herrschenden Familien in Szene setzten und trotzdem – oder gerade deswegen – eine vorher nicht gekannte Freiheit genossen.

Volker Reinhardt, geb. 1954, Professor für Allgemeine und Schweizer Geschichte der Neuzeit an der Universität Fribourg, ist einer der führenden Kenner der italienischen Renaissance. Bei C. H. Beck erschienen von ihm Biographien über Michelangelo, Machiavelli und Papst Alexander VI. Borgia. In der Reihe C. H. Beck Wissen liegen von ihm unter anderem vor: «Die Medici» (4. Aufl. 2007), «Geschichte Roms» (2008), «Die Borgia» (2. Aufl. 2011) sowie «Die Renaissance in Italien» (3. Aufl. 2012).

Volker Reinhardt

Geschichte von Florenz

Verlag C.H.Beck

Mit 17 Abbildungen und 1 Karte

Originalausgabe

© Verlag C.H.Beck oHG, München 2013
Satz, Druck u. Bindung: Druckerei C.H.Beck, Nördlingen
Umschlaggestaltung: Uwe Göbel, München
Umschlagabbildung: Die Kuppel des Doms Santa Maria del Fiore
(vgl. S. 79)
Printed in Germany
ISBN 978 3 406 64511 2

www.beck.de

Inhalt

Einleitung: Das Wunder Florenz

Ab 1420 wird Florenz für mehr als ein Jahrhundert zum kulturellen Maß aller Dinge. Die Statuen des Bildhauers Donatello an der Kirche Or San Michele und die Fresken des Malers Masaccio in der Brancacci-Kapelle von Santa Maria del Carmine zeigen den Menschen in einer vorher nie gesehenen Monumentalität und Dramatik, dazu mit psychologischer Eindringlichkeit und sicherem Gespür für seine unverwechselbaren Wesenszüge. Gleichzeitig entdecken Architekten wie Filippo Brunelleschi und Michelozzo di Bartolomeo die Prinzipien der antiken Architektur neu und setzen diese Regeln produktiv und innovativ in Basiliken wie San Lorenzo und Palästen wie dem der Medici um. Zur selben Zeit schreiben in Florenz tätige Humanisten wie Coluccio Salutati und Leonardo Bruni nicht nur das eleganteste Latein, sondern auch politische Traktate und Geschichtswerke, in denen sie bei aller Anlehnung an die Vorbilder des Altertums zu neuen Erkenntnissen, etwa zum Verhältnis von Freiheit und Kulturblüte, vorstoßen.

Diese setzt sich über mehrere Generationen fort. In der zweiten Hälfte des 15. Jahrhunderts verkündet der Philosoph Marsilio Ficino die Vereinbarkeit von platonischer Philosophie und christlicher Lehre. Auf diesem Fundament baut wenig später der junge Francesco Pico della Mirandola seine Theorie von der Gottähnlichkeit des Menschen auf, der seine Fähigkeiten im Sinne seines Schöpfers zur Selbstvervollkommnung verwendet. Solche «vollendeten Menschen» lassen nicht mehr lange auf sich warten. 1452 wird mit Leonardo da Vinci ein Maler, Zeichner und Ingenieur geboren, dessen Begabung in den Augen seiner Mitmenschen in übermenschliche Höhen emporragt. Mit Michelangelo Buonarroti schließlich schenkt die Stadt am Arno – so die fast einhellige Einschätzung der zeitgenössischen Kunstexperten – der Welt das Menschheits-Genie, das mit Skulptur,

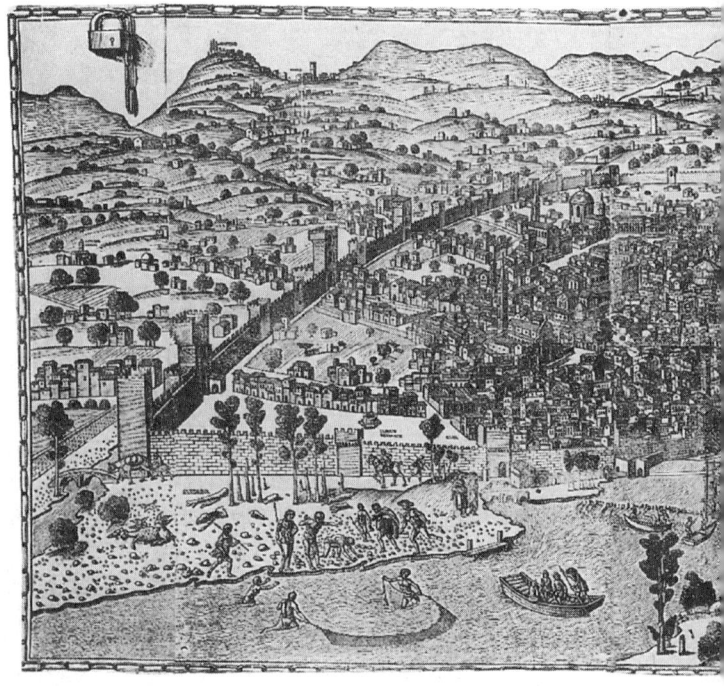

Ansicht von Florenz, 1472

Malerei und Architektur die Dreieinigkeit der Künste zu gött-
licher Perfektion bringt. 1563, ein Jahr vor Michelangelos Tod,
gründet schließlich Herzog Cosimo de' Medici die «Zeichen-
Akademie» und damit die erste Institution dieser Art, die Studium, Pflege und Lehre der darstellenden Kunst systematisch zu
ihrer Aufgabe macht – mit einem beispiellosen Nachahmungs-
effekt in ganz Europa.

Florenz wird auf diese Weise für Bewunderer, Konkurrenten
und Neider gleichermaßen zu einem einzigartigen Modell, zur
Geburtsstätte der Renaissance schlechthin. Warum? Was zeichnete diese Stadt von kaum 40 000 Einwohnern vor allen anderen aus? Ihrer Ausnahmestellung waren sich die Florentiner
früh bewusst. Wie ist unsere Stadt zu einem neuen Athen gewor-

den? Was hat uns geistig beweglicher, scharfsinniger und talentierter für Kunst und Wissenschaft gemacht? Diese Fragen wurden schon im 15. Jahrhundert von herausragenden Historikern und politischen Denkern wie Coluccio Salutati und Leonardo Bruni gestellt. In ihren Augen brachte der offene Wettbewerb freier Bürger die großen Leistungen hervor, derer sich die Stadt am Arno rühmen durfte. Dass Florenz zum Geburtsort und weit ausstrahlenden Zentrum einer neuen Kultur wurde, ist für sie also kein Zufall, denn gute Gesetze allein schaffen die Voraussetzungen dafür, dass sich Begabungen entfalten können; im Klima der Angst verkümmern die Musen. In Florenz aber herrscht Gerechtigkeit, weil hier jedem das Seine gegeben wird; hier setzen sich die Besten durch, weil jeder jeden offen kritisieren darf und auf diese Weise Verdienste belohnt werden. Diese Freiheit ist Florenz – Salutati und Bruni zufolge – nicht in den Schoß gefallen, sondern durch dunkle Jahrhunderte hindurch mühsam erkämpft worden. Florenz als geistige und politische Lebensform sollte auch in der Gegenwart stets aufs Neue gegen eine feindliche Außenwelt verteidigt werden, in der finstere Tyrannen nur darauf warten, sich den Hort der Freiheit einzuverleiben.

Dieses Lob der Freiheit stimmten jedoch nicht alle an, denn sie galt nicht für alle. Die große Mehrheit der Florentiner hatte keine oder allenfalls minimale politische Mitbestimmungsrechte; auch vor Gericht waren die Einwohner der Stadt alles andere als gleich. Warum die so hochtönend beschworene Freiheit ihrer Stadt nicht auch für sie gelten sollte, sahen die kleinen Leute am Arno immer weniger ein. Schon 1378 erhoben sich die Arbeiter der Textilindustrie (*Ciompi*), die dem Diktat der großen Handels- und Bankhäuser schutzlos ausgeliefert waren, und protestierten gegen ihre miserablen Arbeits- und Lebensbedingungen. Künftig wollten auch sie eigene Berufsgenossenschaften bilden, bei Lohnverhandlungen gleichberechtigt mitreden und den ihnen zustehenden Anteil an den politischen Positionen besetzen. Nach kurzfristigen Erfolgen wurde ihr Aufstand niedergeschlagen. Unruhe in den unteren Schichten der florentinischen Gesellschaft wurde künftig unterdrückt. Die Mittelschicht ließ sich jedoch nicht so einfach mundtot machen. Sie behielt ihre relativ bescheidene Ämterquote und wartete auf mehr. Günstige Gelegenheiten boten sich immer dann, wenn die Führungsschicht gespalten war oder Krisen von außen eintraten. Florenz wurde dadurch zu einer umtriebigen, getriebenen, unruhigen Stadt.

Bei aller Rivalität teilten Elite und Mittelstand jedoch die Überzeugung, dass ihre Stadt vom Schicksal dazu vorherbestimmt sei, der Welt ein Beispiel zu geben. Für die Medici, die in Florenz ab 1434 das Sagen hatten und diese Macht ein Jahrhundert lang – von kürzeren Phasen des Machtverlusts abgesehen – zielstrebig ausbauten, bestand ihre Aufgabe und damit die Mission von Florenz darin, ein neues Goldenes Zeitalter der

Harmonie und der kulturellen Blüte heraufzuführen; diese Botschaft verkündeten zumindest ihre großen Kunstwerke. Die kleinen Leute ließen sich davon mehr oder weniger stark beeindrucken – mehr in guten, weniger in schlechten Zeiten. Die schlechten Zeiten von Krieg, Pest und Hungersnot blieben trotz aller Glücksbeschwörungen der Medici nicht aus. So sehr man sich auch an schönen Bildern ergötzte, gegen Brotteuerung und Angst vor fremden Armeen half dieser Kunstgenuss wenig. So liehen Handwerker und Ladenbesitzer dem Propheten Savonarola willig ihr Ohr, als dieser ab 1490 eine alternative Mission der Erwählten Stadt verkündete: Florenz sollte sich geistlich läutern, kirchlich reformieren, politisch durch die Gleichberechtigung des Mittelstands neu konstituieren und so gestählt die Welt im wahren Glauben vereinen.

Kurz darauf entwarf der Florentiner Niccolò Machiavelli ein düsteres Bild seiner Stadt, mit dem er fast alle Florentiner gegen sich aufbrachte. Mit dem Florenz der Freiheit, dem Florenz des Goldenen Zeitalters und dem Florenz der Frommen hatte sein Bild wenig zu tun. Für Machiavelli lag von Anfang an ein Fluch über seiner Heimatstadt. Sie war vom Spaltpilz zerfressen und wurde von unaufhörlichen Erschütterungen heimgesucht. Dieses Übel hatte zwei Namen: *setta* und *corruttela*, Klientel und Korruption. In Florenz herrschten von Anfang an Interessengruppen, die sich um finanziell potente und daher politisch einflussreiche Politiker bildeten. Diese kaufen sich mit Geld und Gunst so viele Gefolgsleute in der Ober- und Mittelschicht, dass sie die zuvor dominierende Clique von den Schalthebeln der Macht und den damit verbundenen Privilegien verdrängen konnten. Doch politische Stabilität konnte so nicht einkehren, denn das nächste Netzwerk lauerte bereits auf seine Chance, die Herrschaft zu ergreifen.

Machiavelli war nicht der einzige, der in den ersten Jahrzehnten des 16. Jahrhunderts eine kritische Bilanz der florentinischen Geschichte zog. Allzu deutlich trat neben der chronischen Unruhe, die schon der große florentinische Dichter Dante Alighieri für unheilbar gehalten hatte, und der intellektuellen wie künstlerischen Produktivität ein drittes Leitmotiv hervor: der Wider-

spruch zwischen republikanischer Ideologie und der Regierungs-
praxis der Medici, mit anderen Worten: die Kluft zwischen
Propaganda und Wirklichkeit. Nirgendwo sonst entwickelte
sich die Kunst, durch Bilder, Bauten und Statuen, aber auch
durch Geschichtswerke und philosophische Traktate einen
schönen Schein zu erzeugen, so virtuos wie in Florenz; nirgendwo sonst wurde diese Bildwelt so konsequent dazu genutzt,
die graue Realität zu überdecken und schön zu färben.

Als erste voll entfaltete Medienstadt Europas forderte Florenz
seine besten Köpfe zugleich dazu heraus, hinter die Fassaden
zu blicken, Masken herunterzureißen und die wahren Beweg-
gründe der Mächtigen freizulegen. Gerade weil die allgegen-
wärtige Propaganda das Wesen der Politik und der Politiker
in Florenz so systematisch verschleierte, wurde für eine kleine
intellektuelle Elite der Reiz unwiderstehlich, das Wechselspiel
von Sein und Schein zu ergründen. Um diesen Gesetzen auf
die Spur zu kommen, musste man den Menschen tiefer und
unvoreingenommener als bislang üblich erforschen. Damit
wurde der Blick in Abgründe der Manipulation, des Selbst-
betrugs und der Destruktivität frei, die einen stärkeren Staat mit
einer neuen Selbstrechtfertigung, der Staatsräson, erforderlich
machten.

So wurde Florenz gleich mehrfach zur Geburtsstätte der Moderne: Hier entstanden eine neue Kunst, eine neue Propaganda,
eine neue Gesellschaft und umstürzend neue Ideen über den
Staat und den Menschen. Wir sind anders: Von dieser gemein-
samen Überzeugung durchdrungen blickten schon die Florentiner des 14. und 15. Jahrhunderts in die Vergangenheit, um
die Ursachen für ihre Einzigartigkeit zu ergründen. Für die
Humanisten wie Salutati, Bruni und ihre häufig astrologie-
gläubigen Nachfolger war die Geburtsstunde der Stadt, das
heißt der Moment ihrer Gründung, von ausschlaggebender Be-
deutung. Geschah sie im Zeichen der Republik oder – durch
Cäsar oder Oktavian, den späteren Kaiser Augustus – im Zeichen der Monarchie? Ob man für das republikanische oder das
monarchische Entstehungsmodell votierte, war kein bloßer
Streit unter Gelehrten, sondern ein Votum für eines der beiden

politischen Systeme, denn die Gründung galt allgemein als Akt der Vorherbestimmung.

Daher war es kein Wunder, dass die Parteigänger der Medici wie auch ihre Gegner mit der passenden Gründungslegende aufwarten konnten. So wie die Medici das letzte Wort behielten, triumphierten schließlich auch ihre Geschichtsbilder. Der erste große Fürst des Hauses, Cosimo I., ließ den monumentalen Ratssaal des Palazzo della Signoria, des alten republikanischen Heiligtums, in den 1560er und 70er Jahren von Giorgio Vasari mit zahlreichen großformatigen Fresken schmücken, die eine einzige Botschaft zu verkünden hatten: Florenz ist zum Fürstentum der Medici vorherbestimmt, erst unter ihrer segensreichen Herrschaft kann sich seine ganze Größe entfalten. An derselben Stelle hatten Michelangelo und Leonardo da Vinci ein Menschenalter zuvor jeweils ein Schlachtengemälde für die Republik Florenz zu malen begonnen, aus der die Medici vertrieben worden waren. Heute wird Leonardos unvollendet gebliebenes Meisterwerk hinter einem der Fresken Vasaris vermutet. Ein wagemutiger Forscher hat durch das von diesem gemalte Kampfgetümmel Löcher gebohrt, durch die er die ältere Farbschicht freizulegen hofft.

Wie ein solcher Bilderdetektiv muss vorgehen, wer die Geschichte von Florenz in ihrer Vielschichtigkeit und Widersprüchlichkeit verstehen will. Als Stadt der Propaganda und des schönen Scheins stellt Florenz dem Historiker bis heute zahlreiche Fallen. Der florentinische Historiker Francesco Guicciardini, der einer der großen Familien der Stadt entstammte und in Diensten der Medici europäische Politik machte, hat mehrere Anläufe unternommen, um eine Geschichte von Florenz zu schreiben. Dabei war er sich bewusst, als Profiteur der Mediciherrschaft in unauflösliche Loyalitätszwänge eingebunden zu sein. Zugleich blickte er über die Stadtmauern hinaus: Die Geschichte von Florenz war für ihn Teil der Geschichte Italiens und damit Europas; nur aus dieser Perspektive ließ sie sich verstehen. Diese Sichtweise ist bis heute maßgeblich. Doch auch aus diesem Blickwinkel stechen bis heute die alten, spezifisch florentinischen Fragen hervor: Kann man die florentinische

Kulturblüte ökonomisch oder politisch «erklären»? War Florenz «moderner» als der Rest Italiens und Europas? Dazu kommen aus heutiger Sicht neue Fragen. Wie verwandelte sich die Stadt der Unruhe ab der Mitte des 16. Jahrhunderts in einen Hort der politischen Stabilität? Wie lebte die Stadt, als diese Größe allmählich Vergangenheit wurde? Und wie lebt sie mit dieser übermächtigen Tradition heute?

I. Von Cäsar bis zum Vorabend der Kommune (59 v. Chr.–1138)

Stadtgründung und Stadtwachstum: Legenden und Fakten

Die Legenden, die sich um die Gründung von Florenz ranken, sind farbiger als die sicheren Quellen über die Frühzeit der Stadt und aussagekräftig für die Zeit, in der sie entstanden. Für die florentinischen Chronisten, die seit dem 13. Jahrhundert die Geschichte ihrer Stadt schrieben, war es unvorstellbar, dass diese aus bescheidenen Wurzeln zu ihrer jetzigen Größe emporgewachsen sein sollte. Da die antiken Autoren insgesamt wenig und erst recht nichts Ruhmvolles zu berichten wussten, musste eine stolze Vergangenheit im Nachhinein hinzugefügt werden. Für die «Entdecker» dieser erhabenen Ursprünge war das keine Geschichtsfälschung, sondern im Gegenteil eine längst fällige Wiedergutmachung. Was die neidischen und parteiischen Historiker des Altertums verschwiegen hatten, wollten sie wieder ans Tageslicht bringen und so die Ehre ihrer Stadt wiederherstellen. Das hieß nicht nur, eine verschüttete Wahrheit freizulegen, sondern auch, falsche Überlieferungen richtigzustellen. Nach ältester, aus florentinischem Blickwinkel skandalöser Tradition war Florenz eine Pflanzstadt der etruskischen Metropole Faesulae; diese etruskische Gründung namens Florentia habe ihrem optimistischen Namen «die Blühende» jedoch keine Ehre gemacht und sei wegen ihrer Unterstützung des römischen Feldherrn Marius von dessen aristokratischem Gegner Sulla 82 vor Christus zerstört worden. Für patriotische Stadthistoriker war an diesem Bericht zweierlei unerträglich: die Abhängigkeit vom Nachbarort, der sich inzwischen Fiesole nannte und von Florenz erobert worden war, sowie die späte Gründung kurz nach dem Zweiten Punischen Krieg um 200 vor Christus. Herkunft und Alter begründeten unverrückbare Rangverhältnisse, nicht nur unter Familien, sondern auch unter Städten. Florenz war vornehmer als Fiesole, also musste die Geschichte anders verlaufen sein.

Da für die frühen Chronisten von Florenz keine Gestalt der römischen Geschichte vornehmer war als Cäsar, der Begründer der römischen Kaiserwürde, erkoren sie ihn zum Gründer ihrer Stadt aus; jetzt musste nur noch Fiesole auf den hinteren Platz verwiesen werden, der ihm gebührte. Auch das ließ sich durch den richtigen historischen «Bericht» mühelos bewerkstelligen. Um sich den Anschein der Glaubwürdigkeit zu geben, knüpfte er an ein gesichertes historisches Faktum an: Die vom römischen Konsul Cicero bekämpften Anhänger Catilinas zogen sich aus Rom in die Toskana zurück, wo sie von Faesulae Unterstützung erhielten. Doch dem großen Feldherrn Cäsar, der mit seiner Armee gegen sie vorrückte, waren die Aufrührer nicht gewachsen. Cäsar besiegte sie, zerstörte das abtrünnige Faesulae und gründete stattdessen Florentia, dem unter diesem Vorzeichen eine große Zukunft beschieden war.

Für die humanistischen Historiker des frühen 15. Jahrhunderts war dieses monarchische Omen jedoch unannehmbar; die Musterrepublik Florenz musste republikanische Wurzeln haben. Sie nahmen daher die ältere Gründungsversion, wonach die erste etruskische Siedlung im Bürgerkrieg zwischen Marius und Sulla zerstört worden war, wieder auf und kehrten sie für ihre Beweiszwecke um. Um 80 vor Christus waren demnach aufrechte Republikaner aus Rom, das auf die Alleinherrschaft eines Diktators zusteuerte, geflohen und nach Florenz ausgewichen, um dort ein neues, besseres Rom zu gründen.

Der Wettstreit der Gründungssagen ist seit fünfzig Jahren durch die Archäologie entschieden. Die Vermessung der ausgegrabenen Überreste der frühesten Siedlung in den 1950er Jahren hat gezeigt, dass Florenz von Cäsar gegründet wurde, allerdings nicht vom siegreichen Diktator, sondern vom republikanischen Konsul. Dieser hatte im Jahr 59 vor Christus als Verbündeter des siegreichen Feldherrn Pompeius ein Ackergesetz durch den Senat gebracht, das die Verteilung von Land an dessen Veteranen vorsah. Dieser Grund und Boden war den Soldaten als Lohn für ihre langjährigen Militärdienste schon fünf Jahre zuvor versprochen worden; jetzt wurde er ihnen am fruchtbaren Südfuß des Apennin endlich zugeteilt. Dabei entstand eine regelrechte Mustersiedlung, die von rechteckigen Mauern mit einer Seitenlänge von einem halben Kilometer umschlossen wurde und Vorbild für zahlreiche spätere römische Kolonien wurde. Die Siedlungsfläche wurde wie die römischen Militärlager von zwei sich kreuzenden Hauptachsen gegliedert, dem *cardo* in Nord-Süd-Richtung und dem *decumanus* von West nach Ost.

Da der *cardo* dem Verlauf der Via Cassia folgte, einer der großen Fern- und Handelsstraßen Italiens, und der Arno schiffbar war, lag Florentia verkehrstechnisch günstig. Eine ökonomische Blüte, vor allem durch Woll- und Kupferverarbeitung, war die Folge. Im 3. Jahrhundert nach Christus erreichten Wachstum und Wohlstand des antiken Florenz ihren Höhepunkt. Die Stadt erweiterte sich über den alten Mauerring aus der Zeit Cäsars und erhielt als administratives Zentrum Tusziens die üblichen Repräsentationsbauten: Tempel, Amphitheater und Thermenanlagen. Auch erste Spuren des Christentums sind für diese Zeit bezeugt. Der Überlieferung zufolge erlitt der heilige Minias (Miniato) um 250 in Florenz das Martyrium. Diesem Blutzeugen errichteten die Florentiner schon früh auf einer Anhöhe außerhalb der alten Stadtmauer eine Kirche, die ab 1014 als Teil eines Benediktinerklosters aufwendig neu erbaut wurde. Für das Jahr 313 ist ein erster Bischof von Florenz bezeugt; achtzig Jahre später ist bei der Weihe der Kirche San Lorenzo die Anwesenheit des heiligen Ambrosius, des Bischofs von Mailand, belegt. Der Kult der lokalen Heiligen Reparata ist seit dem frühen 5. Jahrhundert überliefert; ihr war eine Kirche an der Stelle der heutigen Kathedrale geweiht. Um dieselbe Zeit wurde Florenz von einem ostgotischen Heer belagert, das der Germane Stilicho in Diensten des weströmischen Kaisers zurückschlug.

Alle diese Nachrichten sind vereinzelt und unzusammenhängend. Doch zeichnet sich hinter den bruchstückhaften Informationen ein wirtschaftlicher und demographischer Niedergang seit dem 5. Jahrhundert ab. Die Zeiten waren kriegerischer und unsicherer geworden; den fremden Heeren, die vom 5. bis 8. Jahrhundert Italien verwüsteten und eroberten, hatte die Stadt mit ihrer Tallage nur die immer baufälligeren antiken Mauern entgegenzustellen. Relativ bruchlos gestaltete sich ab 493 der Übergang von den letzten weströmischen Kaisern zur Herrschaft der Ostgoten unter ihrem König Theoderich, der sich als Erbe und Rechtsnachfolger des Imperiums verstand. Dagegen wurde Florenz im Jahr 539 schwer in Mitleidenschaft gezogen, als die oströmischen Truppen das von den Ostgoten gehaltene Fiesole belagerten und schließlich zurückeroberten. Diese byzantinische Reconquista war von kurzer Dauer. Schon drei Jahrzehnte später strömten von Nordosten her die germanischen Langobarden, die weitere kleinere Stämme im Schlepptau mit sich zogen, nach Nord- und Mittelitalien. Diese neuen Eroberer waren im Gegensatz zu den Ostgoten nicht römisch akkulturiert, sondern brachten ihre eigenen Gesellschafts- und Herrschaftsformen zur Geltung. Dabei scharten sich größere Gefolgschaftsverbände um einflussreiche Adelige, die sich unter den in Pavia residierenden Königen zu regionaler Vormacht aufschwangen und Konkurrenzkämpfe mit enormem Gewaltpotential austrugen. In den Augen der einheimischen Bevölkerung hatte jetzt eine barbarische Kriegerkaste die Macht ergriffen, die nicht nur die antike Kultur mit Füßen trat, sondern auch rücksichtslos gegen Kirchen und Klöster vorging.

Unter der Herrschaft der langobardischen Eroberer, die im Verhältnis zu den Romanen immer eine kleine Minderheit bildeten, wurde Florenz zum Sitz eines Herzogs (*dux*), doch nicht zu einem wirklichen Macht- und Herrschaftszentrum; solche Mittelpunkte bildeten sich stattdessen in Pavia, Spoleto und Benevent heraus. Für die Toskana liegen aus den zwei Jahrhunderten der langobardischen Herrschaft überwiegend Nach-

richten zum kirchlichen Leben vor. Allmählich wurden die langobardischen Könige und Herzöge von Kirchenzerstörern zu
Kirchen- und Klostergründern; als solche betätigten sie sich
auch in Florenz und Umgebung.

Warum ihr neues Athen so lange zur Mittelmäßigkeit ver-
dammt war, mussten die florentinischen Historiker des 14. und
15. Jahrhunderts ihren Mitbürgern erklären. Was die Zeit des
Niedergangs nach dem Jahr 476, in dem der letzte weströmische
Kaiser Romulus Augustulus abdankte, betraf, so war eine be-
friedigende und heute noch gültige Deutung schnell zur Hand:
Der Einfall der Barbaren hatte die antike Zivilisation politisch,
ökonomisch und militärisch zerstört. Doch die Kultur des Altertums konnten die Invasoren zwar unterdrücken und zurück-
drängen, aber nicht vernichten. Die Texte antiker Historiker
und Philosophen blieben in Klosterarchiven erhalten und harrten der Wiederentdeckung durch Humanisten, die sich Sprache,
Rhetorik, Geschichtsschreibung, Moralphilosophie und Dicht-
kunst eines Cicero und Vergil zum Vorbild nahmen. Schwieriger
zu erklären war, dass Florenz schon zuvor im Imperium Ro-
manum nie den Platz gewonnen hatte, der ihm von Rechts
wegen zustand. Warum hatten sich die politischen Gravitations-
zentren ab dem 4. Jahrhundert nach Mailand und Ravenna,
doch nicht an den Arno verlagert? Leonardo Bruni fand die
Antwort darauf im Wesen des Imperiums selbst: Das römische
Reich unterdrückte wie alle hegemonialen Gebilde das Eigen-
leben und die Eigenständigkeit seiner Glieder. Rom war ein
Repressionsapparat, der keine anderen Mittelpunkte und erst
recht kein besseres Rom – wie Florenz – aufkommen lassen wollte.
Also konnte Florenz erst blühen, nachdem Rom verwelkt war.

Der Mythos der zweiten Gründung und der Aufstieg zur regionalen Vormacht

Den Aufstieg ihrer Stadt nach dem Ende der «dunklen Jahrhunderte» haben die florentinischen Historiker des 14. Jahrhunderts mit einer Neugründungs-Geschichte verbunden. Erstmals
erzählt sie der einflussreiche Chronist Giovanni Villani, der als

leidenschaftlicher Patriot von etwa 1320 bis zu seinem Tod im Pestjahr 1348 die Geschichte seiner Heimatstadt von den Anfängen bis in seine Gegenwart darstellt. Villani, im Hauptberuf Kaufmann, berichtet, dass Florenz vom Gotenkönig Totila zerstört worden sei, meint mit diesem aber offensichtlich den Hunnenherrscher Attila. Nach dieser Verwüstung sei Florenz volle drei Jahrhunderte lang unbewohnt geblieben. Erst im Jahre 801 hätten die vornehmsten Adeligen der Toskana die Initiative ergriffen und den kurz zuvor zum Kaiser gekrönten Franken Karl sowie Papst Leo III. gebeten, ihnen bei der Wiederbesiedlung der Stadt zu helfen. Karl der Große habe daraufhin nicht nur Truppen, sondern auch seine besten Techniker an den Arno gesandt. Einige Jahre später habe er dem wiederhergestellten Gemeinwesen die Freiheit und eine Verfassung mit zwei Konsuln an der Spitze verliehen sowie bei einem Aufenthalt vor Ort vornehme junge Männer zu Rittern geschlagen. Laut Villani ließen sich im Zuge der Neugründung nicht nur einheimische Aristokraten, sondern auch zahlreiche vornehme Familien römischen Ursprungs im neu gegründeten Florenz nieder. Dessen Bevölkerung bestand somit aus zwei ganz verschiedenen Gruppen, was unaufhörlichen Zwist und unzählige Spaltungen in feindliche Parteien zur Folge gehabt habe.

Auch diese Erzählung gehört ins Reich der Legende, spiegelt aber wichtige historische Tatbestände wider. Zum einen erklärt Villani mit der Zerstörung und dem späten Wiederaufbau das Fehlen von Quellen, zum anderen deutet er die sprichwörtliche innere Zerrissenheit seiner Heimatstadt gewissermaßen genealogisch. Vor allem aber verschaffte er der politischen Grundausrichtung, wie sie zu seiner Zeit vorherrschte, und der dazugehörigen Ideologie ein unanfechtbares historisches Fundament: Florenz hat in seiner dunkelsten Stunde die Unterstützung des fränkischen Kaisers erhalten und schuldet dafür den französischen Königen ewige Loyalität; aus demselben Grund ist die Stadt auf Dauer den Päpsten verpflichtet. Das war das Glaubensbekenntnis eines ehrenfesten «Guelfen», dessen Partei seit einem Jahrhundert die kaisertreuen «Ghibellinen» bekämpft und schließlich zu Staatsfeinden erklärt hatte. Darüber hinaus könnte in die Neugründungs-Sage die kollektive Erinnerung daran eingeflossen sein, dass es mit Florenz ab dem 9. Jahrhundert wirtschaftlich und demographisch langsam, aber stetig bergauf ging.

Karl der Große besiegte 774 den letzten Langobardenkönig und verleibte dessen Reich dem fränkischen Herrschaftsbereich ein. Nord- und Mittelitalien wurden in Grafschaften aufgeteilt, deren Verwaltung anfangs vornehmen fränkischen Geschlechtern vorbehalten blieb. Im Jahr 854 wurden die beiden Bischofssitze Fiesole und Florenz zu einer einzigen Grafschaft, der größten in Italien, vereinigt. Unter Karls Nachfolgern schwächte sich die ursprünglich starke Stellung des Königs gegenüber den einheimischen Eliten unaufhaltsam ab. Durch diese Machtverlagerung gerieten die Führungsämter in die Hände des regionalen Adels und wurden so allmählich erblich. Diese adelige Dominanz erstreckte sich nicht nur auf das Land, sondern auch auf die Städte. Aristokratische Lebensform und städtische Residenz bildeten in Italien eine selbstverständliche Einheit. Zu diesem urbanen Lebensstil des Adels gehörte auch die aktive Teilnahme an Handel und Gewerbe. Mochten die hochgeborenen Herren in Frankreich und Deutschland die Nase über Kommerz und Textilproduktion rümpfen, in Nord- und Mittelitalien sahen die vornehmen Familien darin keinen Widerspruch, geschweige denn eine Verminderung ihrer Ehre. Parallel zur wirtschaftlichen Erholung und nicht selten mit dieser eng verflochten entfaltete sich in Florenz das kirchliche Leben; so wurden die großen Klöster zu Stätten der Textilproduktion und schufen damit die Grundlagen für den späteren Aufschwung dieses florentinischen Hauptgewerbes. Im 10. Jahrhundert ließen sich in Florenz und seinem Umland geistliche Gemeinschaften wie die Kamaldulenser nieder, die die Verweltlichung der Kirche, speziell der Bischöfe und der Kurie, kritisierten und durchgreifende Reformen anstrebten.

So wuchs unter der Herrschaft der großen Feudalgeschlechter eine Führungsschicht heran, die ihre Einkünfte aus ländlichen Besitzungen und der Vermarktung der dort gewonnenen Produkte bezog, doch mental und politisch immer stärker auf die

Stadt, ihren bevorzugten Lebensraum, ausgerichtet war. Dieses Selbstverständnis konnte nicht ohne Folgen für Machtverteilung und Herrschaftsausübung bleiben.

Doch bevor sich hier markante Verlagerungen abzeichneten, kam es zu schweren Konflikten innerhalb der Kirche. Fast das ganze 11. Jahrhundert hindurch standen sich in den großen italienischen Städten, so auch in Florenz, Reformkräfte und Reformgegner unversöhnlich gegenüber. Steine des Anstoßes für die Reformbefürworter waren die Käuflichkeit hoher Kirchenämter, die so genannte Simonie, die Priesterehe und allgemein die Vorherrschaft der Fürsten über Kirche und Klerus. Ihr Ziel war eine pastoral ausgerichtete Kirche, die entscheidenden Einfluss auf das Gewissen und die Lebensführung der Gläubigen gewinnen sollte und zu diesem Zweck von der bisherigen Bevormundung durch die adeligen Kirchenherren befreit werden musste. Die radikalsten Reformkräfte, die sich um Papst Gregor VII. (1073–1085) scharten, strebten sogar eine völlige Umkehrung der Machtverhältnisse an. Für sie stand der Papst als Stellvertreter Christi auf Erden über allen weltlichen Herrschern, die er bei Verstößen gegen die Gesetze des Glaubens und der Moral absetzen konnte. Er selbst durfte von niemandem gerichtet werden.

In diesen Konflikten ergriff Florenz wie seine bekannteste Stadtherrin, die Markgräfin Mathilde von Tuszien, für das Reformpapsttum Partei. Mathilde gehörte die Burg Canossa, vor deren Toren Kaiser Heinrich IV. im Winter 1077 im Büßerhemd warten musste, bevor ihn Gregor VII. vom Kirchenbann löste. Als derselbe Herrscher drei Jahre später wiederum exkommuniziert wurde, zog er an der Spitze eines Heeres nach Italien, um die päpstliche Partei auszuschalten und dem von ihm eingesetzten Gegenpapst zur Herrschaft über die Kirche zu verhelfen. Im Gegensatz zu den meisten toskanischen Städten, die ihrem Herrn bereitwillig die Tore öffneten, verweigerte ihm Florenz den Gehorsam und ließ es auf eine militärische Auseinandersetzung ankommen – mit Erfolg: In der Sommerhitze des Jahres 1082 musste das kaiserliche Heer die Belagerung abbrechen.

Damit hatten die vier Jahre zuvor fertiggestellten neuen Stadtmauern ihre Feuerprobe bestanden. Sie waren nötig geworden, weil die Bevölkerung seit einigen Jahrzehnten zugenommen hatte; dieses Wachstum wurde im 12. Jahrhundert zu einem regelrechten demographischen Boom. Jenseits des alten Befestigungsrings war eine Reihe sogenannter *borghi* entstanden, die die urbane Kernsiedlung mit einem Kranz von Vorstädten umgaben; im Uhrzeigersinn waren dies der *borgo* San Lorenzo, der *borgo* San Pietro, der *borgo* Santi Apostoli und der *borgo* San Pancrazio. Die *borghi* waren ursprünglich nur mit Gräben und Zäunen umschlossen und wurden erst durch den neuen Mauergürtel zu geschützten Stadtbezirken. In Oltrarno, auf der linken Arnoseite, begnügte man sich allerdings damit, die Rückseiten der Häuser zu befestigen und dazwischen Tore einzuziehen; diese Stadtteile glaubten die Festungsplaner durch die unmittelbar dahinter liegende Hügelzone ausreichend geschützt.

Die Einhegung des stark erweiterten Stadtraumes spiegelte das gesteigerte Selbstbewusstsein und damit die Machtstellung wider, die sich die Florentiner in ihrem Umland erobert hatten. Beide Entwicklungen waren untrennbar miteinander verbunden. Ein städtisches Gemeinwesen von dieser Ausdehnung war vital darauf angewiesen, ein Einzugsgebiet (*contado*) zu beherrschen, aus dem die zur Versorgung der Einwohner nötigen Lebensmittel, vor allem Getreide, bezogen werden konnten. Im Zuge dieser politischen und wirtschaftlichen Erschließung des ländlichen Raumes mussten Feudalfamilien zurückgedrängt werden, die militärisch und fiskalisch die Herrschaft über ihre dörflichen Vasallen ausübten, Nachbarstädte in die Knie gezwungen und später auch ländliche Gemeinden unter die Oberhoheit der Stadt gebracht werden. Eine wichtige Etappe dieser Territoriumsbildung schloss Florenz 1107 mit dem Sieg über die Adimari ab. Diese stolze Adelssippe hatte im Namen des Kaisers Wegzölle für den Warentransport verlangt und damit den aufblühenden florentinischen Regional- und Fernhandel empfindlich gestört. Das florentinische Aufgebot zerstörte daraufhin die Burg und damit die Machtstellung der Konkurrenten. Ähnlich erging es anderen Familien gleichen Ranges wie etwa den

Alberti, die die Straße nach Pistoia beherrschten. Ziel der militärischen Aktionen war nicht die Vernichtung, sondern die Domestizierung des ländlichen Adels, der unter die Kontrolle der Stadt gebracht werden sollte, nicht zuletzt durch die Residenz innerhalb der Stadtmauern. Speziell die Alberti sollten so in der Geschichte und Kultur von Florenz noch eine wichtige Rolle spielen.

Kurz darauf griff das florentinische Heer die Nachbarstadt Fiesole an, um die Machtstellung des markgräflichen Stadtherrn zu schwächen. Nach zweijährigem Kampf war die alte etruskische Siedlung 1125 erobert; die Mauern und die Zitadelle der alten Rivalin wurden abgetragen. Andere lokale Herrschaften folgten: Burg um Burg wurde im näheren Umland erobert oder auf friedlichem Wege unter die Jurisdiktion der Stadt gebracht. An Grenzen stieß dieser Ausdehnungsprozess vorerst oder auch für längere Zeit dort, wo sich dieser Expansion andere Städte entgegenstellten: kleinere wie San Gimignano oder Volterra, mittlere wie Prato und Pistoia oder mächtige wie Pisa, Siena und Lucca, mit denen Florenz lange und blutige Kämpfe um die toskanische Hegemonie austragen musste.

2. Die Kommune des Adels (1138–1282)

Selbstverwaltung und Selbstbestimmung

Mathilde von Tuszien starb 1115 und vermachte ihre Besitzungen dem Heiligen Stuhl; doch so einfach konnten die großen Adelsgeschlechter nicht mehr über ihre Herrschaftsgebiete verfügen. Um 1100 konstituierte sich eine Stadt nach der anderen als Kommune, das heißt als eigenständige, vom Bischof oder Grafen unabhängige Stadtrepublik. Zwischen 1081 und 1085 machte das zur See mächtige Pisa den Anfang, Mailand, Arezzo, Genua und Pistoia folgten zwischen 1097 und 1105 nach, Lucca, Bologna und Siena schlossen sich dem unwiderstehlichen Trend 1115, 1123 und 1125 an. Im Vergleich mit diesen Nachbarstädten war Florenz geradezu ein Nachzügler: 1138 wurden hier erstmals vier gewählte Konsuln als Oberhäupter der Kommune genannt. Latinisiert hießen sie Burellus, Florenzitus, Broccardus und Servolus; obwohl ihre Nachnamen fehlen, darf man sie getrost der adeligen Führungsschicht zuordnen, die den Stadtherrn bislang als lockeres, je nach Bedarf einberufenes Gremium beraten hatte.

Schon der Name der Oberbeamten machte den Anspruch deutlich, der mit der neuen Verfassung erhoben wurde. Florenz sollte sich als ein neues, besseres Rom in republikanischen Formen selbst regieren. Das hieß, dass sich die Konsuln der Wahl durch ihre Mitbürger im sogenannten *parlamentum* zu stellen hatten; dieses «Parlament» repräsentierte jedoch nicht die Gesamtheit der Einwohner, sondern umfasste nur die schmale Schicht adeliger Standesgenossen. Eine Demokratie im modernen Sinne ist Florenz im Laufe seiner Geschichte nie geworden. Durch die Jahrhunderte hindurch tobte der Kampf darum, wer aufgrund welcher Kriterien das Recht besaß, in den diversen Räten Einsitz zu nehmen und Ämter der verschiedenen Rangstufen innezuhaben. Dabei konnte das Pendel zur Seite der Ausdehnung wie der Verengung ausschlagen, doch blieben die Angehörigen der unteren Mittelschicht und der Unterschicht – das Revolutionsjahr 1378 ausgenommen – auf Dauer vom politischen Leben ausgeschlossen.

Die Florentiner selbst dachten nicht in soziologischen Begriffen wie «Unterschicht» oder «Elite». Für sie war die Familie die kleinste unteilbare Einheit der Gesellschaft, zumindest am Anfang; erst im Laufe der Zeit unterschieden sie immer stärker zwischen den einzelnen Zweigen eines Clans. Nach und nach wurden auch übergeordnete Kategorien wie *popolo minuto* für die untere Mittelschicht, *popolo grasso* für die reichen Bankiers und Kaufleute sowie *primi* für die oberste Führungsschicht gebräuchlich. So unscharf alle diese Zuordnungen blieben, so präzise ließ sich der Platz bestimmen, den ein Sippenverband innerhalb des sozialen Gefüges einnahm. Ausschlaggebend für dieses Ranking war in der frühen Kommune selbstverständlich die Abstammung. Welche Position eine Familie innerhalb der

stufenreichen Hierarchie vornehmer Landbesitzer mit städti-
schem Wohnsitz bekleidete, wurde mit akribischer Genauigkeit
bestimmt. Der auf diese Weise fixierte Status blieb durch zahlreiche Generationen hindurch in lebendiger Erinnerung. Woher
eine Familie ursprünglich stammte und wie sie vor der Gründung der Kommune situiert gewesen war, notierten städtische
Chronisten noch Jahrhunderte danach mit einem wahrhaft phä-
nomenalen Langzeitgedächtnis. Alle noch so aufwendigen und
phantasievollen Versuche, Herkunft und Genealogien schönzu-
färben, konnten dieses Wissen nicht tilgen.

Allerdings bildeten sich schon bald zusätzliche Prestige-Kri-
terien innerhalb der Stadtmauern aus. Von besonderem Gewicht
war die Zahl der Führungsämter, die von den Mitgliedern eines
Geschlechts bekleidet wurden. Diese wurden als Ehrentitel
nicht nur sorgfältig verzeichnet, sondern auch bei der Bewer-
bung um Posten in die Waagschale geworfen und von den Rivalen mit Argusaugen kontrolliert. Dazu kam in der langen
wirtschaftlichen Boomzeit des 12. Jahrhunderts das Geld als ge-
wichtiges Argument hinzu. Wer es als Großhändler oder Bankier
zu Wohlstand gebracht hatte, stellte strategische Fähigkeiten
und damit zugleich seine Eignung für die Politik unter Beweis.
Der wirtschaftliche Erfolg als Voraussetzung für Karrieren in
der Republik war jedoch nur begrenzt mit den Kriterien des
Stammbaums und der Verdienste der Vorfahren vereinbar. Je
mehr der Reichtum zum Maß des Ansehens und Einflusses
wurde, desto konfliktreicher musste sich das Verhältnis zwischen den alten Familien und den neuen Sippen gestalten, die
ihr Defizit an genealogischen Traditionen durch ein Mehr an
Finanzmitteln und Immobilien wettmachten.

So unbestritten die aristokratischen Familienverbände wie
die Uberti, Giandonati und Buondelmonti, die schon vor 1138
als *maiores* im Rat des Stadtherrn Rang und Namen besessen
hatten, die frühe Kommune auch dominierten, das Monopol
auf die Spitzenämter hatten sie nicht. Sehr früh tauchen in den
Listen der Konsuln Abkömmlinge von Geschlechtern wie den
Caponsacchi und Scali auf, die erst wenige Jahrzehnte zuvor
größeren Grundbesitz angesammelt und danach einen adeligen

Lebensstil mit Burgen, Wappen, Jagd und militärischen Unternehmungen entwickelt hatten. Mit den «echten» Aristokraten hatten sie nicht nur die ökonomische Grundlage und den Anspruch auf Vornehmheit, sondern auch die Bindung an ihr ländliches Ursprungsgebiet gemeinsam. Dort bauten sie Festungen, in die sie sich bei Bedarf zurückziehen konnten, und Klöster, in denen Mönche für ihr Seelenheil beteten oder «überzählige» weibliche Familienmitglieder auch ohne kostspielige Mitgift standesgemäß versorgt werden konnten; dort investierten sie ihre Firmengewinne in Landgüter mit befestigten Höfen (*casali*), dort bauten sie in friedlicheren Zeiten auch Villen für stilvolle Sommeraufenthalte. Nicht zuletzt trommelten sie dort Anhänger zusammen, die ihnen bei innerstädtischen Konflikten die Oberhand über ihre Gegner verschaffen sollten.

Solche Auseinandersetzungen sind in den frühesten Aufzeichnungen der florentinischen Chronisten nahezu jährlich vermerkt. Ausgetragen wurden sie im städtischen Straßenkampf. Als Basislager, Gefechtsstand und Fluchtpunkt dienten die hochragenden Geschlechtertürme, von denen Florenz um 1200 mehr als 200 gezählt haben soll. Wie erbittert diese Schlachten zwischen verfeindeten Familien und deren Verbündeten ausgefochten wurden, kann man bei der Besichtigung solcher Stadtfestungen in San Gimignano oder Bologna heute noch erahnen. Den strategischen Erfordernissen dieser Machtkämpfe entsprechend wohnten die großen Familien und ihre Gefolgsleute möglichst nahe zusammen, im Idealfall in weitgehend geschlossenen Quartieren. Wollten die Gegner diese kompakten Stützpunkte erobern, mussten sie im wahrsten Sinne des Wortes schweres Geschütz aufbieten. Auf diese Weise zogen Kämpfe zwischen den führenden Clans schnell weite Kreise, ja sie versetzten die ganze Stadt regelmäßig in Aufruhr.

Die chronische Friedlosigkeit innerhalb der Stadtmauern bildete von Anfang an das politische Hauptproblem der Kommune. Dabei fehlte es nicht an Heilmitteln, die diese innere Malaise kurieren sollten. Die Geistlichen predigten von allen Kanzeln christliche Nächstenliebe, wandernde Bußprediger riefen vor Tausenden gerührten Gläubigen zu Versöhnung und Brüderlichkeit auf, Juristen formulierten strenge Gesetze mit schweren Strafen gegen Gewalttäter, Politiker priesen die Segnungen bürgerlicher Eintracht und den Vorrang des Gemeinnutzes, Kaufleute berechneten die Schäden des dauernden Bürgerkriegs. Genutzt hat die gebetsmühlenhafte Beschwörung des Friedens, des Altruismus und Patriotismus wenig. Florenz blieb eine eruptive, nervöse und gewaltbereite Stadt. Noch im Frühjahr 1478 gruben Kinder den notdürftig verscharrten Leichnam eines kurz zuvor vom Mob gelynchten Verschwörers aus und warfen ihn unter Spottliedern in den Arno.

Die Bauten der städtischen Führungsschicht dienten jedoch nicht nur für Angriff oder Verteidigung, sondern auch der Repräsentation von Rang und Ansehen. Zum Stadtpalast mit Festungsturm und zum Stützpunkt auf dem Lande kam so als ein absolutes Muss die prestigeträchtige Ruhestätte der Toten. Keine wichtige Familie konnte sich den Verzicht auf eine aufwendige Grabkapelle in einer der führenden Kirchen von Florenz erlauben. Dabei wurde größter Wert auf Exklusivität gelegt. Fremde Gebeine unter die dort schlummernden Überreste eines Geschlechts zu mischen, war eine ebenso häufige wie verhasste Unsitte; dass die Verstorbenen unter sich bleiben wollten und Eindringlinge am Geruch erkannten, war eine ebenso verbreitete wie theologisch gewagte Überzeugung.

Mochten die Toten in der Erwartung des Jüngsten Gerichts nach Familien separiert bleiben, die Lebenden waren darauf angewiesen, Verbündete und Gefolgsleute zu gewinnen. Ihre komplex gesponnenen Netzwerke durchzogen die Kommune von Anfang an, und zwar horizontal wie vertikal. Mehr oder weniger gleichrangige Clans schlossen sich durch Heiraten, gemeinsame Verteidigungsanlagen und nicht zuletzt durch Geschäftsvereinbarungen zusammen, um ihren politischen und wirtschaftlichen Konkurrenten die Stirn zu bieten und diese wenn möglich zu übertrumpfen. Wo und wie die Trenn- oder Verbindungslinien zwischen diesen Allianzen gezogen waren, wer wem feindlich, neutral oder positiv gegenüberstand, ist in keiner Quelle umfassend verzeichnet. Das wussten im Einzelnen nur die Führer dieser Interessengruppen und einige weitere Ein-

geweihte. Wer welchem Patron für dessen Förderung zu nütz-
lichen Gegenleistungen verpflichtet war, ließ sich einfacher ab-
lesen: aus der Vergabe von Bauaufträgen, der Vermittlung von
Eheschließungen, der Übernahme von Patenschaften und aus
ähnlichen öffentlich zelebrierten Akten der Protektion.

In einer privilegierten Position befanden sich früh die Juristen.
Je nachdrücklicher die Kommune innerhalb der Stadtmauern
auf Friedenssicherung bedacht war und je intensiver sie ihren
ländlichen Einzugsbereich zum Herrschaftsraum ausgestaltete,
desto mehr wurden qualifizierte Notare und Richter benötigt,
die die damit verknüpften anspruchsvollen Rechtsprechungs-
und Verwaltungsaufgaben bewältigen konnten. Erfolgreiche
Absolventen der im 12. Jahrhundert gegründeten Rechtshoch-
schule in Bologna fanden in Florenz reiche Betätigungsfelder
und konnten in die politische Führungsschicht aufsteigen. Auf
diese Weise wurden zumindest die gehobenen Mittelschichten
in das System der Klientel eingebunden.

Neben den Juristen nutzten auch Handwerker und Ladenbesitzer ihre Chance, am politischen Leben der Kommune
teilzunehmen. In den regelmäßig aufflammenden Straßenschlachten bildeten sie häufig das Zünglein an der Waage. Sie
konnten daher gegenüber der Elite mit stetig steigendem Selbstbewusstsein auftreten und einen Anteil an den Leitungsfunk-
tionen der Stadt einfordern. Ihr Einfluss wurde in Florenz kaum
je stark genug, um ein politisches Gegengewicht zur Vormacht
der großen Familien zu bilden. Doch reichte diese Teilhabe aus,
um dem gehobenen Mittelstand das stolze Gefühl zu vermitteln,
aktiv und geachtet am öffentlichen Leben der Republik teil-
zuhaben. Daraus konnte immer dann ein regelrechter Hunger
auf Politik erwachsen, wenn die Führungsschicht zerstritten
war oder äußere Krisen deren Vorherrschaft in Frage stellten.

Streit innerhalb der Führungsschicht gab es häufig genug.
Der aristokratischen Elite der Stadt ging ihre Ehre über alles.
Beleidigungen, die einem Mitglied zugefügt wurden, mussten
von der gesamten Sippe gerächt werden, und zwar meistens mit
Blut. So konnte ein zufälliger Austausch von Unfreundlichkei-
ten Dauerfehden zur Folge haben, die sich über Generationen

hinzogen und nach dem Gesetz der Blutrache ausgefochten wurden. Die Geschichte von Romeo und Julia, die wegen der Fehde ihrer Familien in Verona ihre Liebe geheim halten mussten und sich schließlich selbst töteten, hätte auch in Florenz spielen können. Die florentinische Variante der Geschichte, wie sie der Kaufmann und Chronist Giovanni Villani um 1300, mehr als hundert Jahre nach den Ereignissen, erzählte, handelt gleich von zwei fatalen Hochzeiten und einem nachfolgenden Todesfall: Bei der ersten der beiden Eheschließungen geraten ein Mitglied der Familie Buondelmonti und ein Gefolgsmann der weniger vornehmen Gegenpartei der Uberti, Lamberti und Amidei so heftig aneinander, dass Blut fließt. Um schlimmeres Unheil zu verhindern, machen die Vertreter der Uberti den Aggressoren ein Angebot, das diese eigentlich nicht ausschlagen können: Ein Buondelmonti soll eine Amidei heiraten – und dann Schwamm über den unseligen Zwischenfall! Doch dazu kommt es nicht, denn die Stimmen der Vernunft werden von einer weiblichen Stimme des Hasses übertönt, für die es in Fragen der Ehre keine Kompromisse gibt. Die heimtückische Zwietrachtstifterin aus der vornehmen Familie Donati bietet Buondelmonti ihre eigene schöne Tochter zur Ehe an, und dieser kann der Verlockung nicht widerstehen. Damit platzt die geplante Versöhnungs-Allianz, die Uberti und ihre Verbündeten sind bis aufs Blut gekränkt und schreiten zur tödlichen Tat. Sie lauern dem frisch verheirateten Buondelmonti bei der Statue des Mars auf dem Ponte Vecchio auf und ermorden ihn.

Ob frei erfunden oder getreulich überliefert – für Villani wurde die «florentinische Bluthochzeit» zu einem bösen Omen. Von jetzt an zerfiel die Stadt in die zwei Parteien der Guelfen und der Ghibellinen, die sich jahrzehntelang bis aufs Messer bekämpften und sich dabei auf übergeordnete Anbindungen beriefen: die Guelfen auf den Papst und den französischen König, die Ghibellinen auf den Kaiser. In Wirklichkeit – so Villani – ging es dabei jedoch nicht um globale Loyalitäten, sondern um lokale Rivalitäten. Sein Fazit hat die Forschung im 20. Jahrhundert definitiv bestätigt. Die konkurrierenden Parteien suchten in den höchsten Autoritäten der Zeit materielle und ideologische Unterstützung, doch die Ursachen für die Dauerfeindschaft lagen in Florenz selbst. Dabei traf die Unterlegenen ein schweres Los. Wenn man sie nicht als Staatsfeinde zur Hinrichtungsstätte schleppte, wurden sie verbannt und ihre Wohnstätten dem Erdboden gleichgemacht. Lange Jahre – oder wie der Dichter Dante Alighieri, Villanis Florentiner Zeitgenosse, gar ein halbes Leben – im Exil verbringen zu müssen, wurde als eine äußerst harte Strafe, kaum weniger grausam als der Tod, empfunden.

Für Angehörige der großen Clans war die Verbannung immerhin noch halbwegs erträglich, denn sie hatten auch außerhalb ihrer Heimatstadt nützliche Freunde und genügend Ressourcen, um die Rückkehr in die Wege zu leiten, sei es durch Fürsprache einflussreicher Persönlichkeiten, sei es mit Gewalt. Auf diese Weise gab es in Florenz wie in allen wichtigen Städten Italiens zwei Sorten von Bürgern: die *cittadini di dentro* an der Macht und die *cittadini di fuori* in der Verbannung, die nur darauf warteten, den Spieß umzudrehen und ihre Gegner ihrerseits zu Feinden der Kommune zu erklären. Welcher Hass in diesen Kämpfen zwischen rivalisierenden Familien aufkam, spiegelt Dantes *Göttliche Komödie* eindrucksvoll wider: Als der Dichter unter der Führung Vergils durch Hölle und Purgatorium wandert, trifft er dort auch illustre Florentiner, die ihm ihre Lebensgeschichte erzählen und damit erklären, warum sie zu ewigen oder befristeten Jenseitsstrafen verurteilt worden sind. Diese Berichte aus längst vergangenen Zeiten sind von den stärksten Emotionen durchpulst – nichts ist vergessen oder gar verziehen.

Neue Familien, neue Regime

Die Kommune Florenz verstand sich zwar de facto als selbständig, doch erkannte sie ihre Zugehörigkeit zum Reich und damit die Oberhoheit des Kaisers an. Ja, sie leitete ihre Privilegien und Freiheiten aus dieser obersten Quelle des Rechts und ihrer Legitimität ab. Doch damit sollte diese Loyalität aus florentinischer Sicht auch ihr Bewenden haben. Dass sich das

Reichsoberhaupt in die Verwaltung der Stadt und ihres Einzugsgebiets durch Entsendung eigener Amtsträger einmischte, war
ebenso wenig vorgesehen wie die Zahlung von Steuern oder die
Stellung von Truppen. Da die dem Titel nach römischen, gemäß
ihrer Herkunft jedoch deutschen Kaiser auf alle diese Befugnisse
nicht kampflos verzichteten, kam es bis zur Mitte des 13. Jahrhunderts immer wieder zu Konflikten über diese Hoheits-
rechte. Dabei hatte das Reich seine starken Phasen unter Kaiser
Friedrich I. Barbarossa in den 1150er Jahren, unter dessen
Enkel Heinrich VI. vier Jahrzehnte später und nochmals unter
dessen Sohn Friedrich II. in den 1230er und 1240er Jahren. In
der Zwischenzeit aber baute die Kommune ihre Herrschaft
auf dem Lande und ihre Behörden in der Stadt weiter aus.
Mit dem Untergang der Staufer nach 1250 war die Bedrohung
durch das Reich im Wesentlichen gebannt. 1312 versuchte mit
Heinrich VII. zum letzten Mal ein Kaiser, Florenz mit militärischen Mitteln unter seine Botmäßigkeit zu zwingen – vergeblich.

Bis 1200 war die Einwohnerzahl der Stadt auf etwa 25 000
gewachsen. Das war viel im europäischen Vergleich, doch weniger, als die unmittelbare Rivalin Pisa zählte. Pisa übertrumpfte
Florenz zu dieser Zeit nicht nur demographisch, sondern auch
wirtschaftlich und durch die Pracht seiner Bauten. Dieser Vor-
sprung hing mit der günstigen Lage Pisas am Mittelmeer
zusammen, die die wirtschaftliche, militärische und kulturelle
Entwicklung der Stadt begünstigte. Pisa stieg zu einem mediter-
ranen Seehandelsplatz ersten Ranges auf, erzielte mit seiner
starken Flotte Erfolge gegen die islamischen Mittelmeeranrainer,
sicherte sich dadurch lukrative Fernhandelsrouten und leistete
sich mit dem Dom, dem Baptisterium und dem noch berühm-
teren Turm architektonische Wunderwerke, die den Ruhm der
Kommune in die ganze Welt hinaustrugen. Demgegenüber war
Florenz zurückgeblieben. Die Stadt am Arno hatte zwar zwischen 1060 und 1150 ebenfalls ein prächtiges Baptisterium errichten lassen, doch der Bau der gegenüberliegenden Kathedrale
war noch nicht sehr weit gediehen. Florentinische Kaufleute
hatten ihren Geschäftsradius zwar über Italien hinaus ausge-
dehnt, vor allem nach Frankreich, doch handelten sie über-

Das Baptisterium San Giovanni, im Hintergrund der Dom mit der Fassade des
19. Jahrhunderts

wiegend mit lokalen Produkten aus landwirtschaftlicher und
handwerklicher Produktion, mit denen sich anders als im
Überseegeschäft keine größeren Gewinne erzielen ließen. Wenn
die Florentiner nicht auf Dauer zweitrangig bleiben wollten,
mussten sie sich nach neuen Einnahmequellen umsehen und
Pisa unter ihre Kontrolle bringen.

Doch zunächst mussten innere Probleme gelöst werden.
Knapp hundert Jahre nach ihrer Einführung war die Konsular-
verfassung untauglich geworden. Im Jahr 1200 gehörten so
viele Familien zur politikfähigen Schicht, dass das *parlamentum*
mehr als tausend Köpfe zählte – zu viele, um die Führungsämter
einvernehmlich aufzuteilen. Zudem waren im Zuge des demographischen und ökonomischen Booms zahlreiche neue Familien in die Stadt gekommen, die dort noch keine politischen
Rechte, wohl aber florierende Geschäfte besaßen. Da sie offiziell nicht Teil der Kommune und daher in deren Gremien nicht

vertreten waren, nannten sie sich *popolo*, Volk. Diese Bezeichnung war ebenso einfach wie politisch zugkräftig. Im alten Rom bildeten Senat und Volk zusammen die Republik; die unverfälschte Stimme des Volkes galt als die Stimme Gottes. Da die Kommune sich ihnen nicht öffnete, mussten sie versuchen, eigene Institutionen, Ämter und Räte auszubilden.

In dieser Gärung bot es sich an, eine Neuerung einzuführen, die sich in Städten wie Bologna und Modena schon kurz nach der Mitte des 12. Jahrhunderts durchgesetzt hatte. Dort amtierte anstelle der Konsuln ein *podestà* als Oberhaupt der Kommune, und zwar wie seine von lateinisch *potestas*, Macht, abgeleitete Bezeichnung anzeigt, zumindest auf dem Papier mit einer eindrucksvollen Vollgewalt. Der *podestà*, in der Regel ein Jurist, war nicht nur Chef des kommunalen Behördenapparats, sondern auch oberster Richter, Befehlshaber des Heeres und am komplizierten Gesetzgebungsprozess in Schlüsselpositionen beteiligt. Aber seine Machtfülle war nicht unbegrenzt. Er wurde auf die Statuten der Kommune vereidigt, die er peinlich genau zu beachten hatte, und musste nach Ende seiner einjährigen Amtszeit Rechenschaft über diese ablegen. Dass sich ein *podestà* nicht zum Diktator aufschwingen konnte, hing vor allem damit zusammen, dass er von außen, meist aus verbündeten Städten, kam und nach Ablauf seiner «Dienstzeit» auch wieder dorthin zurückkehrte. So fehlte ihm in seinem Herrschaftsbereich der Anhang, mit dem einheimische Familien die Kommune in Aufruhr versetzen konnten. Eine solche Gefolgschaft konnten auch begnadete Netzwerkknüpfer nicht in so kurzer Zeit gewinnen. Das Problem der *podestà*-Verfassung war denn auch nicht die Neigung zur Tyrannei, sondern im Gegenteil die Schwäche der neuen Oberbeamten. Die Idee, einen unparteiischen Schiedsrichter an die Spitze der Republik zu stellen, war gut, ihre Umsetzung hingegen schlecht, denn den meisten *podestà* fehlte es an den Machtmitteln, um ihre Entscheidungen gegen starke Interessengruppen innerhalb der Stadtmauern durchzusetzen. So trug auch das neue politische Modell, das innere Befriedung bewirken sollte, dazu bei, die immer heftiger aufflammenden Parteikämpfe in Florenz anzufachen.

Bei diesen Kämpfen standen sich die Parteien der Ghibellinen und Guelfen, deren Entstehung Villani auf die «florentinische Bluthochzeit» zurückführte, immer unversöhnlicher gegenüber. Obwohl die Gründe dieser Spaltung lokale Ursachen hatten und von Ort zu Ort ganz unterschiedlich ausfielen, wurden die jeweiligen Anführer und ihre Gefolgschaften dadurch in ein gesamtitalienisches Netz von Werten und Loyalitäten eingebunden, was den Hass weiter schürte und die Auseinandersetzungen innerhalb der Stadtmauern anheizte. Eine sozialhistorische Zuordnung zu den beiden Großgruppen lässt sich nur umrisshaft vornehmen. Zu den theoretisch auf Kaiser und Reich eingeschworenen Ghibellinen gehörte in Florenz wohl der größere Teil der alten adeligen Elite, während sich später aufgestiegene Familien mit bescheideneren Ursprüngen und vor allem die meisten Großkaufleute eher zum «Guelfentum» und damit zur Ausrichtung auf den Papst, Frankreich und ab 1268 auch auf die Könige von Neapel aus der französischen Dynastie Anjou bekannten. Noch komplexer wurde die Konfliktlage dadurch, dass die Parteinamen häufig dazu benutzt wurden, unliebsame Konkurrenten zu brandmarken und von der Politik auszuschließen, ganz unabhängig davon, wie es um deren politische «Gesinnung» wirklich bestellt war. So wurden die ominösen Bezeichnungen in manchen Teilen Italiens bis zur Französischen Revolution gebraucht.

Ein ghibellinisches «Parteiprogramm» ließ sich in Florenz letztmals 1238 und 1248 durchsetzen, als das Heer Kaiser Friedrichs II., der in Personalunion als König von Sizilien regierte, gegen die verbündeten italienischen Kommunen siegreich blieb. In diesen beiden Jahren musste die Kommune die Wahl ihres *podestà* vom Kaiser bestätigen lassen. Folgenreicher als für die Verfassung wurden die militärischen Erfolge des Reichsoberhaupts für die florentinische Führungsschicht, denn zahlreiche Mitglieder der wichtigsten Guelfengeschlechter mussten den bitteren Weg in die Verbannung antreten. Diese Dezimierung als Folge der inneren Spaltung bot den führenden «Volks»-Familien zum ersten Mal die ersehnte Gelegenheit, selbst an die Schalthebel der kommunalen Macht zu gelangen.

Als 1250 das guelfische Aufgebot der *cittadini di fuori* über die in Florenz regierenden Ghibellinen siegte, blieb der übliche Pendelausschlag zur anderen Seite aus. Die Guelfengeschlechter konnten die Niederlage der Ghibellinen nicht für sich nutzen, stattdessen stiegen nun die nichtadligen Kaufleute, Textilproduzenten und wohlhabenden Handwerker, die sich in Zünften *(arti)* verschiedener Rangstufen organisierten, zur Herrschaft auf. Die meisten Vertreter der vornehmen Familien wurden von den Ämtern ausgeschlossen, die offizielle Staatsideologie war guelfisch.

Die neuen Machthaber tasteten die Position des *podestà* nicht an, doch stellten sie ihm mit dem «Volkskapitän» einen zweiten kommunalen Spitzenbeamten zur Seite. Dessen Pflichten bestanden ursprünglich darin, das «Volk» gegen die Übergriffe der arroganten und aggressiven Aristokraten zu schützen, doch weiteten sich die damit verbundenen Kompetenzen rasch aus. Dasselbe galt für den «Volksrat», der neben den «Rat der Kommune» trat – eine Zweiteilung, die immer weniger Sinn machte, je mehr das «Volk» in der Kommune zur Macht gelangte und mit dieser sozial und mental verschmolz. Trotzdem bestand die Zweigliedrigkeit der florentinischen Verfassungsorgane jahrhundertelang fort. Eine klare Aufteilung der Kompetenzen, Aufgabenbereiche oder gar Gewalten war daher zu keinem Zeitpunkt auch nur ansatzweise gewährleistet. Ja, eine solche feinsäuberliche Abgrenzung war nicht einmal beabsichtigt. Für misstrauische Vertreter des «Volkes» war der Wirrwarr der Zuständigkeiten, verbunden mit der raschen Rotation der Amtszeiten, der beste Schutz gegen die Willkür der großen Familien. Auch diese hatten nichts gegen diesen Wildwuchs der Institutionen und Ämter, denn je unübersichtlicher, ja chaotischer sich der Flickenteppich der Gremien gestaltete, desto mehr wuchs die informelle Macht der einflussreichen Persönlichkeiten, die sich hinter den Kulissen trafen, um die Entscheidungen der Räte «vorzudiskutieren».

Die «Volksregierung» von Florenz entpuppte sich als äußerst kriegerisch. Zum einen gewann sie mit Waffengewalt die Teile des *contado*, des Einzugsgebiets der Stadt, zurück, die sich in den Jahren der kaiserlichen Vormundschaft herausgelöst hatten. Zum anderen zog sie gegen die starken Nachbarkommunen Pisa und Siena, mit Lucca zusammen ihre Erzrivalen, zu Felde. Eine dieser militärischen Unternehmungen wurde dem florentinischen Regime im September 1260 jedoch zum Verhängnis. In der Schlacht von Montaperti wurde das guelfische Aufgebot, das überwiegend aus florentinischen Bürgern bestand, von den Sienesen, denen deutsche Söldner und florentinische Ghibellinen zur Seite standen, geschlagen, und zwar so vernichtend, dass sich «Montaperti» Siegern wie Verlierern gleichermaßen ins Gedächtnis einbrannte.

Doch die Vorherrschaft der ghibellinischen Sieger dauerte nicht einmal sieben Jahre. Im Frühjahr 1267 kamen mit französischer Unterstützung wieder die Guelfen an die Macht. Sie lehnten sich anderthalb Jahrzehnte lang eng an Karl von Anjou, den neuen König von Sizilien, an, dessen Stellvertreter in dieser Zeit das Amt des *podestà* innehatte. Als die Anjou-Herrschaft in Sizilien durch den legendären Vesper-Aufstand des Jahres 1282 gestürzt wurde, kam es auch in Florenz zu einem folgenreichen Umschwung. Kaufleute, Textilproduzenten und Handwerker waren der Fehden zwischen den großen Familien müde, da sie das Wirtschaftsleben der Stadt schädigten, und richteten eine «Zunftverfassung» ein. Diese wurde in der Folgezeit zwar mehrfach verändert, doch im Großen und Ganzen diente sie anderthalb Jahrhunderte lang dem politischen Leben von Florenz als Richtschnur und Rahmenordnung.

Wer von jetzt an in Räten und Ämtern das Sagen hatte, machte ein wichtiges Zusatzgesetz aus dem Jahr 1293 deutlich. Nach neuerlichen Kämpfen innerhalb der Stadtmauern wurden zahlreiche große Familien als Magnaten gebrandmarkt und für politikunfähig erklärt. Zwar konnten die meisten dieser Magnatengeschlechter ihren Einfluss in der Kommune durch nützliche Freunde und Verbündete bewahren, die ihre Interessen als Mitglieder der Stadtregierung und der übrigen Schlüsselgremien vertraten, aber ein schwerer Schlag für die alte Elite waren die «Ordnungen der Gerechtigkeit», wie die schwarzen Listen genannt wurden, gleichwohl. Der Streit über die Wiederzulassung der ausgeschlossenen Familien zog sich bis weit ins 15. Jahrhundert hinein.

3. Die Republik der Oligarchen (1282–1433)

Zünfte und Ökonomie

Das neue politische System, das 1282 gegen den Widerstand der alten Elite durchgesetzt wurde, als «Zunftherrschaft» zu bezeichnen, ist zutreffend und irreführend zugleich. Richtig ist, dass man Mitglied einer der gehobenen Berufsgenossenschaften *(arti)* sein musste, um für die Führungsämter wählbar zu werden. Falsche Vorstellungen weckt der Begriff, weil er an Gleichheit und Demokratie denken lässt. In Wirklichkeit dominierte eine schmale Elite der führenden Zünfte, der Einfluss des Mittelstandes blieb stets eng begrenzt. 1282 waren die Spitzenpositionen sogar für die Mitglieder der «Ausrüster», «Wollweber» und «Wechsler» reserviert. Damit waren die Großkaufleute, Textilproduzenten und Bankiers gemeint; nicht wenige der großen Firmeninhaber übten alle drei Tätigkeiten gleichzeitig aus. Hier lag die geballte wirtschaftliche Potenz von Florenz und damit ein starkes politisches Übergewicht. Alleine regieren konnten die führenden Unternehmer jedoch nicht lange. Wie schon in der frühen Kommune wurden die Richter und Notare bald mit ihrer eigenen Zunft in den inneren Kreis der Macht aufgenommen, zusammen mit den Seidenproduzenten, den Ärzten und Apothekern sowie den Kürschnern und Gerbern. Zu diesen «großen Zünften» *(arti maggiori)* stießen nach und nach fünf «mittlere» und neun «untere» *arti* als politikfähige Korporationen hinzu. Doch fielen für Schmiede, Schlosser, Bäcker, Metzger, Gastwirte und ähnliche Berufe nur politische Brosamen vom Tisch der Reichen und Mächtigen ab.

Um Mitglied einer Zunft zu werden, musste man das dazugehörige Metier nicht ausüben; so schrieb sich etwa der aus angesehener Familie stammende Dichter Dante Alighieri in der

Zunft der Ärzte und Apotheker ein, um dadurch Zugang zur Politik zu gewinnen. Für die eigentlichen «Berufsgenossen» aber war die Zunft der verbindliche Lebensrahmen. Sie schrieb minutiös vor, mit welchen Materialien, Arbeitszeiten und Löhnen produziert werden sollte, welche Produkte und Dienstleistungen erlaubt waren und welche nicht; sie verhängte Zulassungsstopps, schlichtete Streitigkeiten und versuchte darüber hinaus mit allen Mitteln, die Konkurrenz innerhalb der Stadt und auf dem Land so gering wie möglich zu halten. Auf diese Weise bot sie ihren besser situierten Mitgliedern reichlich Gelegenheit zur Selbstverwaltung und Profilierung, was wiederum die Ausbildung ausgeprägter Gruppenloyalität und -identität förderte. So wurden die 21 *arti* neben den sechzehn Stadtteilen, den *gonfaloni*, zu prägenden Elementen des sozialen und politischen Lebens in Florenz.

Allerdings waren Vor- und Nachteile der Zunftordnung ungleich verteilt: Für viele Vollmitglieder der Zünfte verursachten die Reglemente mit ihren kleinlichen Restriktionen mancherlei Behinderungen. Diese Regulierungswut traf die kleineren Gewerbe am härtesten; die führenden Großhändler und Bankiers mit ihren Geschäftsverbindungen in halb Europa entzogen sich schon damals den Kontrollen der *arti* und des Fiskus mit Leichtigkeit.

Neben den 21 politisch einflussreichen Zünften gab es über fünfzig weitere Korporationen, die von jeder politischen Beteiligung ausgeschlossen waren. Je tiefer sie auf der Skala von Einkommen und Einfluss platziert waren, desto unselbständiger und fremdbestimmter wurden diese «kleinsten» *arti*. An der Basis der florentinischen Sozialpyramide gab es schließlich gar keine anerkannten Zusammenschlüsse mehr; Wollarbeiter und sonstige Tagelöhner waren dem Diktat ihrer Zunftmeister rechtlos unterworfen. In einer ähnlichen Lage befanden sich Gesellen und Lehrlinge aller Metiers. In ihren Augen waren die Zunftordnungen Instrumente, mit denen sie auf Dauer an ihrem gedrückten Platz gehalten werden sollten.

Die Vorrangstellung der Großhändler und Bankiers schlug sich am krassesten im System der Besteuerung nieder. Die reichen Unternehmer wurden zwar zu Zwangsanleihen herangezogen, doch wurden diese Summen zumindest in ruhigeren Zeiten ohne zusätzliche Kriegskosten ansehnlich verzinst. Eine direkte Steuer auf sämtliches Einkommen gab es vor dem 15. Jahrhundert nicht. Abgaben dieser Art hätten die Anlage eines genauen Katasters erforderlich gemacht, doch gegen ein solches Verzeichnis aller Güter und Renditen wehrte sich die Führungsschicht fast anderthalb Jahrhunderte lang erfolgreich. Dafür konnten die Regierenden ihre vermögenden Gegner dadurch ruinieren, dass sie ihnen Sonderlasten auferlegten und sie auf diese Weise auch politisch ausschalteten, denn wer Steuerschulden hatte, war von den Ämtern der Republik ausgeschlossen. Wer als Unternehmer auf eine politische Tätigkeit verzichtete und keine einflussreichen Freunde hatte, musste daher in der permanenten Angst leben, durch Zudrehen der Steuerschraube enteignet zu werden.

Im Laufe des 13. Jahrhunderts fand Florenz das Gewerbe, mit dem es die Konkurrentin Pisa überflügeln konnte und zu einem Wirtschaftszentrum Europas wurde: Feine Textilien *made in Florence* wurden jetzt rasch zu einem Markenzeichen für Qualität und Eleganz. Doch auch breitere Schichten fanden im Angebot der großen Firmen Kleidung, die ihrem Geldbeutel entsprach. Der Unterschied zu den Frühformen des Gewerbes bestand darin, dass seit etwa 1200 aus Spanien und Portugal Wolle bezogen werden konnte, deren Qualität deutlich über der toskanischen lag. Ab 1280 bezogen die florentinischen «Wollweber» schließlich das feinste Rohmaterial überhaupt, das von englischen und schottischen Schafen stammte. Über dessen Ausfuhr entschied der englische König, den die florentinischen Bankiers durch die großzügige Gewährung von Krediten günstig stimmten: Schon an der Quelle waren Textilherstellung und Bankgewerbe unauflöslich verzahnt. Die britische Wolle wurde am kostengünstigsten per Schiff verfrachtet, wovon ärgerlicherweise wiederum die Seestadt Pisa profitierte.

Am Anfang und am Ende des Prozesses, durch den aus englischer Wolle *(lana)* feinstes florentinisches Tuch wurde, stand der Unternehmer, der *lanaiolo*. Er allein hatte das notwendige

Kapital, um den Rohstoff einzukaufen und die zwanzig Arbeits-
gänge zu bezahlen, die für die Verwandlung in ein hochwertiges
Endprodukt nötig waren, das er gewinnbringend auf dem europäischen Markt verkaufte. An der dazwischen liegenden Proze-
dur waren sowohl bezahlte Arbeitskräfte als auch selbstän-
dige Handwerksbetriebe in Stadt und Land beteiligt. Zunächst
wurde die Wolle in Florenz gewaschen und gekämmt; danach
wurde sie in ländlicher Heimarbeit gesponnen, innerhalb der
Stadtmauern gewogen und gefärbt, auf dem Land gewalkt und
schließlich wieder in der Stadt gespannt, mit Appretur und Gütesiegel versehen, verpackt und ausgeliefert. Die daran beteilig-
ten Arbeiter und Handwerker waren unterschiedlich gestellt.
Am schlechtesten ging es den Wollschlägern und Kämmern, den
eigentlichen *Ciompi*, die keine spezielle Ausbildung hatten und
mit reiner Muskelkraft arbeiteten. Doch auch die Spinner standen in drückender Abhängigkeit vom *lanaiolo*, häufig hatten sie
den Webstuhl nur von ihm geliehen oder ihn nur angezahlt und
mussten dann Zinsen oder Tilgungsraten in Form von Arbeits-
zeit ableisten. Appretierer und Färber waren aufgrund ihres
Know-hows besser gestellt und konnten zu selbständigen Klein-
unternehmern aufsteigen.

Das Geld, das die florentinischen Textilproduzenten verdienten, wurde in ganz Europa angelegt. An der Spitze der Gläubiger
standen gekrönte Häupter wie der König von England, der als
Gegenleistung für die erhaltenen Kredite Zollfreiheit für die
nach Florenz exportierte Wolle gewährte, oder Karl von Anjou,
dem florentinische Banken auf Drängen des französischen
Papstes Clemens' V. die Eroberung Neapels und Siziliens finanzierten. Dafür wurde ihnen in Avignon eine Vorzugsstellung ein-
geräumt, wo die Päpste zwischen 1309 und 1377 residierten
und die Besteuerung des europäischen Klerus perfektionierten.
Generaldepositar des Papstes zu werden, bot die besten Ge-
winnchancen überhaupt im damaligen Geldgeschäft. Abgaben
und andere Einnahmen, die von den päpstlichen Steuerbeamten
eingetrieben wurden, mussten von Banken an die Zentrale
transferiert werden, wo trotz dieser reichen Erträge permanent
Bedarf an Krediten bestand. Obwohl sie auf die guten Dienste

der Bankiers angewiesen war, missbilligte die Kirche deren Beruf zutiefst, denn nach der reinen theologischen Lehre sollten sich Christen Darlehen zinslos gewähren. De facto mussten Kreditgeschäfte daher hinter erlaubten Operationen wie dem Wechsel von einer Währung in die andere verschleiert werden. Das verursachte Kosten und nicht selten auch Gewissensnöte, die auf dem Totenbett durch großzügige Stiftungen abgetragen wurden.

Könige und Päpste, Ritterorden und andere geistliche Gemeinschaften standen bei florentinischen Bankiers tief in der Kreide. Honoriert wurden die Leistungen der Banken nicht nur durch Geld und Waren, sondern auch durch hohe Positionen bei Hofe wie in Neapel und durch wertvolle Monopole, zum Beispiel zum Einzug von Steuern. Schon um die Mitte des 13. Jahrhunderts überholten die Florentiner auf diese Weise die alte Konkurrentin Pisa; fünfzig Jahre später war auch Siena nach dem Zusammenbruch der dortigen Staatsbank überrundet. In den ersten Jahrzehnten des 14. Jahrhunderts war Florenz zusammen mit Venedig die dynamischste Wirtschaftsmetropole Europas. Die florentinischen Firmen der Bardi, Peruzzi, Alberti, Acciaiuoli und Gianfigliazzi hatten als Marktführer Filialen in ganz Europa. Mit Ausnahme der Gianfigliazzi, die sich ganz auf das Geldgeschäft konzentrierten, deckten sie die drei klassischen Tätigkeitsbereiche Textilproduktion, Großhandel und Geldverleih zusammen ab.

Ihre Profite bezogen diese Unternehmer nicht zuletzt aus der heimischen Nachfrage. Um 1320 zählte Florenz fast 100000 Einwohner, auch das ein europäischer Spitzenwert. In den städtischen Chroniken dieser Zeit überwiegen dementsprechend stolze und optimistische Töne: Alles sprach dafür, dass sich dieser Aufschwung auch in Zukunft fortsetzen würde. Konservative Prediger hingegen warnten davor, dass der Luxus die Sitten zersetzte. Selbst im Namen der Stadt sahen sie Anzeichen für diesen Niedergang: Aus «Fiorenza» war im Laufe der Zeit «Firenze» geworden – «fi» aber hieß «pfui».

Doch selbst die strengsten Kritiker mussten zugeben, dass der Wohlstand großartige kirchliche Bauten hervorbrachte. Die erste der neuen Basiliken, Santa Maria Novella, gehörte dem

Dominikanerorden und wurde in erstaunlich kurzer Zeit zwischen 1246 und 1325 bis auf die Verkleidung der Fassade fertiggestellt. Ein halbes Jahrhundert nach ihren Rivalen vom Predigerorden nahmen die Franziskaner den Neubau ihrer Kirche Santa Croce in Angriff; auch dieses gewaltige Projekt schritt im nachfolgenden halben Jahrhundert schnell voran. In beiden Basiliken errichteten die führenden Geschlechter der Republik ihre Grabkapellen. Unter diesen ragt die letzte Ruhestätte der reichen Bankiersfamilie Peruzzi in Santa Croce heraus, denn sie schmückte der führende Künstler der Zeit, Giotto di Bondone, mit Fresken. Seine Malereien zeigen biblische Geschichten und Heiligenlegenden mit einer ganz neuen Monumentalität und Ausdruckskraft. Hier hatten die Betrachter Menschen mit starken Emotionen vor sich, die sich durch die fesselnde Darstellung nachempfinden und zugleich als Beispiele guter und schlechter Handlungen verstehen ließen, dem Betrachter also Werte vermittelten und dadurch zum Guten anleiteten. Hellsichtige Zeitgenossen wie der humanistisch gebildete Literat Giovanni Boccaccio erkannten, dass damit eine neue Epoche der Kunst begann, die sich durch ihre Naturnähe mit den besten Werken der Antike messen konnte.

Giotto war auch als Architekt am bedeutendsten kommunalen Sakralbauprojekt beteiligt, der gleichzeitig mit Santa Croce begonnenen Kathedrale Santa Maria del Fiore. Auf seine Entwürfe geht der quadratische Glockenturm mit seinen achteckigen Strebepfeilern zurück. Für das gewaltige Langhaus, das in den 1350er und 1360er Jahren entstand, zeichnete der Architekt Francesco Talenti verantwortlich. Auch das weltliche Heiligtum der Kommune, der Palazzo della Signoria, der als Amts- und Wohnsitz der Stadtregierung diente, wuchs parallel zu den großen Basiliken rasch empor. Nach nur dreijähriger Bauzeit konnten die städtischen Behörden schon 1302 darin tagen. Mit seinem Stadtpalast, dessen Ausgestaltung sich bis etwa 1330 hinzog, erhielt Florenz ein politisches Zentrum von einzigartiger Ausstrahlungskraft. Durch seine drei rustizierten Geschosse, den Wehrgang mit seinen Zinnen und den 94 Meter hohen Turm mit seinem deutlich hervorgehobenen Wachhäuschen

Der Palazzo della Signoria,
auch Palazzo Vecchio genannt

symbolisierte der Mittelpunkt der Kommune Macht und Wehrhaftigkeit nach innen wie nach außen. Als Wahrzeichen der Republik stand er von jetzt an für Stärke, Gerechtigkeit, Gemeinwohl und Vorherrschaft in der Region.

Das war kein leeres Imponiergehabe: Bis 1340 brachte Florenz die Städte Pistoia, Arezzo und Colle di Valdelsa sowie
Pescia und Altopascio unter seine Kontrolle. Zwischen 1376
und 1381 wurde an der Seite des Stadtpalastes die Loggia dei
Signori errichtet, die seit dem 16. Jahrhundert nach der her-
zoglichen Leibwache auch «Loggia dei Lanzi» genannt wird. Sie
sollte als Schauplatz politischer Zeremonien dienen, an denen
die Öffentlichkeit aktiven Anteil nehmen sollte.

Mit dem Regierungssitz war eine Bühne geschaffen, auf der
sich alle nachfolgenden Regime propagandawirksam verewigen
konnten. Die Hauptrolle spielte die *Signoria,* die dem Palast den
Namen gab. Sie bestand aus acht Prioren, die – ebenso wie der
«Bannerträger der Gerechtigkeit», das nominelle Staatsoberhaupt – aus den Zünften und *sesti,* den sechs Hauptstadtteilen,

jeweils für zwei Monate gewählt wurden und danach automatisch eine Zeitlang für dieses Amt gesperrt waren. Der *Signoria* nahezu gleichrangig waren zwei Gremien mit zwölf beziehungsweise sechzehn Mitgliedern, die mit ihr zusammen die «Drei Großen» *(Tre Maggiori)* genannt wurden. Gemeinsam berieten sie Gesetze und legten diese den Räten der Kommune und des Volkes zur Abstimmung vor; zur Annahme war eine Zweidrittelmehrheit erforderlich. Die schnelle Rotation der Spitzenpositionen sollte verhindern, dass einzelne Clans oder Netzwerke eine Vormachtstellung gewannen. Stattdessen sollten möglichst viele Familien am politischen Leben beteiligt werden. Durch diese breite Streuung hoffte man, eine solide Trägerschicht für das politische System zu gewinnen. Dabei nahm man in Kauf, dass beim komplizierten Wahl- und Losverfahren auch Kandidaten ohne persönliche Eignung und Einfluss an die Spitze der Republik gelangten und sich Zufallsmehrheiten ergeben konnten.

Ein Gegengewicht zu den «Drei Großen» bildeten die Gremien der *pratiche* und der *squittini*. Auf den informellen Diskussionsforen der *pratiche* äußerten die wirklich einflussreichen Persönlichkeiten *(primi)* ihre Meinung und führten so oft genug hinter den Kulissen Vorentscheidungen herbei. Die *squittini* hatten die Aufgabe, in regelmäßigen Abständen die Liste der politisch vollberechtigten Bürger neu zu erstellen; dabei wurde über alle einzelnen Kandidaten diskutiert und abgestimmt. Auf diese Weise ließen sich nicht nur Steuerschuldner und notorische Querulanten, sondern je nach Mehrheitsverhältnissen auch die Gegner einflussreicher Netzwerke disqualifizieren. Je stärker sich die Parteikämpfe zuspitzten, desto mehr lief das *squittinio* deshalb Gefahr, zu einem politischen Kampfinstrument abzusinken.

Wirtschaftskrisen, Parteikämpfe und Epidemien

Die hohen Erwartungen an die Zukunft, die in Florenz um 1300 vorherrschten, bewahrheiteten sich nicht. Schon bald zeigte sich, dass die städtische Entwicklung an Grenzen stieß. Es wurde immer schwieriger, die wachsende Bevölkerung innerhalb der Stadtmauern zu verpflegen. Nach schlechten Ernten wurden kostspielige Getreideimporte nötig, durch die die Lebenshaltungskosten unaufhaltsam anstiegen. Denn in Sachen Ernährung gab es kaum Alternativen. Pro Kopf verbrauchten erwachsene Einwohner 240 Kilo Weizen im Jahr. Fleisch war relativ teuer und für die unteren Schichten in schlechten Zeiten kaum erschwinglich. Die städtischen Behörden mussten daher gravierende Brotteuerungen um jeden Preis verhindern, um Revolten innerhalb der Stadtmauern zu vermeiden.

Doch das war leichter gesagt als getan, denn ab dem zweiten Viertel des 14. Jahrhunderts wurden Missernten in ganz Italien immer häufiger. Die schwersten Schockwellen aber gingen vom Zusammenbruch der großen Handelskompanien aus, der sich seit 1335 abzeichnete. Diese von den führenden florentinischen Familien auf der Grundlage von Verwandtschaft und Verschwägerung mittels Teilhaberverträgen organisierten und dementsprechend weit verzweigten Sozietäten mussten bereits um 1310 in Frankreich herbe Verluste hinnehmen. Dort hatten sie König Philipp IV. dem Schönen für dessen Kriege gegen die Engländer hohe Darlehen gewährt. An eine Rückzahlung dieser Summen war nicht zu denken, so dass der stets klamme Philipp kurzerhand den Staatsbankrott erklärte und seine Zinszahlungen einstellte. Doch damit nicht genug – der skrupellose Monarch plünderte die florentinischen Finanziers bis 1311 nach allen Regeln der Kunst durch Strafsteuern, Konfiskationen und Vermögensbeschlagnahmungen aus. Immerhin endeten die Bankiers nicht wie kurz darauf die führenden Mitglieder des Templerordens, deren Besitz sich der nimmersatte König ein paar Jahre zuvor ebenfalls angeeignet hatte, auf dem Scheiterhaufen.

Die Einbußen in Frankreich ließen sich dank des weitgespannten Geschäftsnetzes im Mittelmeerraum noch verkraften. Die Überdehnung des britischen Kreditgeschäfts erwies sich jedoch kurz darauf als verhängnisvoll. Am englischen Hof waren die Firmen der Bardi und Peruzzi immer mehr in die Rolle der Staatsfinanziers und Steuereinnehmer hineingewachsen. Der König benötigte für seine Feldzüge in Frankreich

immer neue Kredite, für die er nicht nur mit Wolle und Aus-
fuhrgenehmigungen aufkam, sondern auch die Steuern des
kommenden Jahres als Sicherheit verpfändete – ein Schneeball-
system, das zu einer horrenden Verschuldung der Krone führte.
Giovanni Villani, der selbst für die Peruzzi in Brügge gearbeitet
hatte, berechnete die Gesamtsumme, mit der Edward III. bei
den beiden Kompanien in der Kreide stand, auf eine Million
und dreihundertfünfundsechzigtausend Gold-Fiorini. Zum Vergleich: Um dieselbe Zeit machten die regulären jährlichen Aus-
gaben der Republik Florenz etwa drei Prozent dieser Summe
aus, für die man nach Villanis lakonischen Worten ein Königreich kaufen konnte – falls man sie zurückgezahlt erhielt. Doch
dazu war der englische König nicht bereit. Als er 1343 ebenfalls
die Zinszahlungen einstellte und unter dem Beifall seiner Untertanen gegen seine verhassten florentinischen Gläubiger vorging, waren die «Supergesellschaften» am Ende und mussten
Bankrott anmelden. Wie immer in solchen Fällen kamen die
großen Teilhaber am glimpflichsten davon; zudem durften sich
ihre Enkel darüber freuen, dass König Richard II. knapp fünfzig
Jahre später die ausstehenden Rechnungen seines Vorgängers
doch noch beglich. An die Stelle der zusammengebrochenen
Kompanien traten neue Firmen, die das Woll- und Kreditgeschäft
weiterführten, doch die Dimensionen der Bardi und Peruzzi
erreichte bis zum 19. Jahrhundert kein florentinisches Unterneh-
men mehr.

Den wirtschaftlichen Turbulenzen der ersten Hälfte des
14. Jahrhunderts entsprachen die politischen Unruhen. 1301
spaltete sich die politische Klasse von Florenz in die Faktionen
der «Weißen» und der «Schwarzen». Wie üblich ging es dabei
um die Rivalität zweier Familien, der Cerchi und der Donati,
und ihrer ausgedehnten Gefolgschaften. Der gestiegenen Be-
deutung von Florenz entsprechend zog dieser Konflikt seine
Kreise bis nach Rom und Neapel. Mit der Unterstützung Papst
Bonifaz' VIII. Caetani, der seine Familie in Florenz an die Macht
zu bringen hoffte, und König Karls II. von Anjou gewannen die
«Schwarzen» schließlich die Oberhand und gingen mit aller
Härte gegen ihre unterlegenen Gegner vor.

Im Zuge dieser Proskriptionen wurde Dante Alighieri, der als Anhänger der «Weißen» 1300 der Stadtregierung angehört hatte, zum Tode verurteilt und dann bis zum Lebensende aus Florenz verbannt. Im Exil verfasste der Dichter der *Göttlichen Komödie* Briefe an die Florentiner, in denen er sich mit bitteren Tönen als *exul immeritus*, unschuldig vertrieben, bezeichnete. Zudem hieß er den König und künftigen Kaiser Heinrich VII. hymnisch willkommen und forderte seine Landsleute auf, sich diesem universellen Friedensherrscher freiwillig zu unterwerfen, was ihm diese wiederum als Verrat auslegten. So blieb das Verhältnis zwischen Florenz und seinem größten Dichter gespalten. Schon bald nachdem Dante 1321 in Ravenna gestorben war, wurde sein monumentales Versepos der Jenseitswanderung durch Hölle, Fegefeuer und Paradies in Florenz als Meisterwerk bewundert und danach auch in öffentlichen Vorlesungen kommentiert. Doch blieb bei all dieser Verehrung ein Beigeschmack, den der politische Querdenker Niccolò Machiavelli zweihundert Jahre später so zusammenfasste: Dante hat durch die Qualität seiner Dichtung das Toskanische zur italienischen Hochsprache gemacht, doch war er ein schlechter Patriot, der seine Heimatstadt verunglimpfte.

Zwischen 1315 und 1328 musste sich Florenz gegen einen unerwarteten Gegner wehren, den Machiavelli zweihundert Jahre später zum nahezu perfekten Einzelherrscher erhob: Castruccio Castracani führte die Truppen des demographisch und wirtschaftlich unterlegenen Lucca von Sieg zu Sieg, eroberte Pistoia – und starb aus florentinischer Sicht gerade noch rechtzeitig, bevor er die Stadt in die Knie zwingen konnte.

Anderthalb Jahrzehnte später hatte die Krise der großen Kompanien einen regelrechten Staatsstreich zur Folge. Um ihre Firmen durch den Zugriff auf die Finanzen der Kommune zu retten, rief eine Gruppe führender Bankiers und Großhändler im September 1342 Walter von Brienne, einen auf der Durchreise befindlichen adeligen Abenteurer, der sich mit dem hochtrabenden Titel eines Herzogs von Athen schmückte, zum *signore* von Florenz aus. Diesen Titel trugen seit dem letzten Drittel des 13. Jahrhunderts Stadtherrn wie die Este in Ferrara,

die Della Scala in Verona und die Gonzaga in Mantua. Die
signori stammten meist aus einheimischen Familien der Oberschicht, besaßen auf dem Papier umfassende Herrschaftsvoll-
machten, regierten mit dem Anspruch, die inneren Zwistigkeiten
beizulegen, und begünstigten dabei die Interessen der alten
Elite. Diese Voraussetzungen brachte der Herzog von Athen
ebenso wenig mit wie die Kenntnisse und Fähigkeiten, die zur
Befriedung von Florenz nötig waren. Schon nach einem Drei-
vierteljahr wurde der Strohmann der großen Familien gestürzt,
die Republik wiederhergestellt und die kurze «Einzelherrschaft»
des französischen Aristokraten als peinlicher Ausrutscher der
Vergessenheit überantwortet. Neue Namen auf der schwarzen
Liste der Magnaten waren die Folge der Episode.

Fünf Jahre später kam der Schwarze Tod. Aus Asien breitete
sich das Bakterium *Yersinia pestis* über den Bosporus und von
dort 1347 durch genuesische Handelsschiffe bis nach Sizilien
aus. Im Jahr darauf erreichte das Massensterben das Festland;
Florenz verlor wie die meisten europäischen Städte dreißig bis
vierzig Prozent seiner Einwohner. Im Zeichen der todbringenden
Seuche löste sich die öffentliche Ordnung durch Plünderungen
zeitweise auf. Selbst der Zusammenhalt innerhalb der Familien
ging häufig verloren: Kranke wurden nicht mehr versorgt, Tote
blieben unbestattet. Das Sterben wurde so alltäglich, dass es
seinen christlichen Sinn zu verlieren schien. Die Moribunden
konnten nicht mehr beichten oder die Letzte Ölung empfangen,
Jung und Alt wurden unterschiedslos dahingerafft. Wer sich
eben noch kräftig gefühlt hatte, sah sich schon kurz darauf von
stinkenden Beulen entstellt und todgeweiht. Die Ärzte führten
diese Symptome auf widrige Planetenkonstellationen oder gif-
tige Ausdünstungen der Erde zurück und waren vollkommen
hilflos; dass der Erreger von Ratten verbreitet wurde, erschloss
sich erst den Forschern des 19. Jahrhunderts. Wer es sich leisten
konnte, floh aufs Land – so wie die jungen Damen und Herren
der florentinischen Jeunesse dorée in Boccaccios Novellensamm-
lung *Decamerone,* wo die Schilderung der Pest als düsterer Hintergrund für die oft amüsanten oder frivolen Geschichten dient,
mit denen die Flüchtlinge das Entsetzen zu verdrängen suchen.

Bei der Ausmalung der makabren Rahmen-Ereignisse stützte sich Boccaccio auf antike Vorbilder, so dass sein Zeugnis nicht in jeder Hinsicht als exakter Tatsachenbericht gewertet werden darf.

Die Folgen für Gesellschaft und Politik von Florenz waren erheblich: Manche Familie der Oberschicht verlor mehr als die Hälfte ihrer Mitglieder, ganze Zweige starben aus. Ihr Vermögen ging entweder an Kirchen und Klöster oder an entfernt verwandte Linien, die dadurch plötzlich aus ihrer Obskurität herausgerissen wurden. Mehr als alle politischen Umstürze wirbelte die Pest von 1348 die Zusammensetzung der Führungsschicht durcheinander. Neue Männer mit altem oder auch völlig unbekanntem Namen saßen jetzt in Spitzenpositionen – so der Tenor der Chronisten. Wie immer in solchen Fällen reagierten die Angehörigen der zahlenmäßig reduzierten alten Elite mit Abneigung und Abwehr. Vor allem die Guelfenpartei als selbst ernannter Hort der florentinischen Tradition überzog die unerwünschten Parvenüs mit Prozessen wegen angeblich ghibellinischer Gesinnung und schloss zahlreiche Aufsteiger von den Ämtern aus. Trotzdem waren einige von diesen zumindest geschäftlich erfolgreich.

Francesco Datini etwa, der um 1335 als Sohn eines Gastwirts geboren wurde, starb 75 Jahre später als der wohl reichste Mann Europas. Infolge der Pest auf sich alleine gestellt, zog er als Fünfzehnjähriger in die päpstliche Residenzstadt Avignon, handelte dort mit Andachtsbildern, Waffen und Wein und arbeitete sich mit seinem unfehlbaren Geschäftsinstinkt, seiner eisernen Disziplin und seinem monströsen Geiz von diesen bescheidenen Anfängen zum Herrn eines europaweit ausgespannten Handelsimperiums mit der Zentrale in Florenz empor. Aber weil Datini nichts von seinem Reichtum abgeben konnte und daher nicht in nützliche Beziehungen zu einflussreichen Persönlichkeiten der Republik investierte, blieb er trotz seines immensen Vermögens politisch stets ein Außenseiter.

Auch außenpolitisch war das 14. Jahrhundert für Florenz und ganz Italien alles andere als friedlich. Schon seit längerem waren Republiken wie Einzelherrschaften dazu übergegangen,

Kriege nicht mehr mit eigenen Aufgeboten, sondern mit Söldnern zu führen. Das hatte mit der Professionalisierung des Mili-
tärwesens, doch vor allem mit den Spannungen im Inneren zu
tun: Wer den Bürgern Waffen in die Hand gab, musste mit
Bürgerkrieg rechnen. Parallel zum stetig steigenden Bedarf an
Söldnern stieg der Einfluss ihrer Führer. Einheimische wie auswärtige Militärunternehmer *(condottieri)* warben auf eigene
Rechnung Kontingente an, deren Dienste sie an die meistbieten-
den Auftraggeber verkauften. Um den inneren Zusammenhalt
dieser bunt zusammengewürfelten Heere zu stärken, setzten die
condottieri wenn möglich Verwandte, am liebsten eigene Söhne
als Offiziere ein. Die mächtigsten von ihnen zogen mit ihrer
Soldateska auch auf eigene Rechnung durch Europa, um dort
Beute zu machen oder sogar ein eigenes Herrschaftsgebiet zu
gewinnen. Das Verhältnis zwischen der Republik Florenz und
ihren Söldnerführern war daher oft von Misstrauen oder sogar
Angst geprägt. Erst im Laufe des 15. Jahrhunderts gewannen
die Auftraggeber zunehmend die Kontrolle und damit auch die
Oberhand über die Militärunternehmer. Den *condottieri*, die
sich wie der Engländer John Hawkwood in ihren Diensten be-
währt hatten, setzte die dankbare Republik im Dom ein ebenso
prächtiges wie kostengünstiges, da «nur» gemaltes Grabmal.

Das Regiment der Reichen

Schon 1363 kehrte die Pest nach Florenz zurück; an diesen
Rhythmus des Schreckens mussten sich die Europäer bis tief ins
17. Jahrhundert hinein gewöhnen. In den 1370er Jahren ließ
sich die Signoria auf einen riskanten Krieg gegen Papst Gregor XI. ein, der die Stadt daraufhin mit dem Interdikt belegte.
Damit war den Christen jeglicher Handelsverkehr mit dem
«infizierten» Ort untersagt. Diese Blockade hatte Arbeitslo-
sigkeit und Hungersnot zur Folge. Dass diese Malaise zur sozialen und politischen Revolution eskalierte, war auf die tiefe
Spaltung der Führungsschicht in alte und neue Familien sowie
Befürworter und Gegner des Konflikts mit dem Papst zurückzuführen. Im Juni 1378 setzte die Kriegspartei die Verurteilung

ihrer Gegner durch, deren Wohnsitze in Brand gesteckt wurden. Doch diese unkontrollierten Aktionen der Straße bildeten nur das Vorspiel zu noch heftigeren inneren Kämpfen. In den folgenden Wochen schlossen sich Tausende von Wollarbeitern zusammen und forderten eine neue wirtschaftliche und politische Ordnung. Am 22. Juli zogen sie zum Regierungspalast, zwangen die Signoria zum Rücktritt und errichteten ein neues Regime, in dem die zuvor rechtlosen *Ciompi* mit drei eigenen Zünften dominierten. Ihr Anführer Michele di Lando versuchte, seine Gefolgsleute von der Notwendigkeit zu überzeugen, die Revolution weiter und damit zum dauerhaften Erfolg zu führen. Die bisherigen Errungenschaften reichten dafür nicht aus; wenn die alte Oberschicht erst einmal wieder Fuß gefasst habe, werde es mit dieser Gleichberechtigung schnell ein Ende haben.

Machiavelli unterstellte Michele in seiner «Geschichte von Florenz» rund 150 Jahre später die Absicht, die Reichen zugunsten der Wollarbeiter zu enteignen und diese als neue Herrschaftsschicht zu etablieren. Wie weit die Pläne der radikaleren Revolutionäre wirklich reichten, ist jedoch ungewiss. Auf jeden Fall fühlten sich die Familien der Oligarchie, die die Republik seit 1282 beherrschte, aufs Höchste gefährdet. Sie fürchteten die Rache der Ausgebeuteten und die vollständige Umverteilung aller Besitztümer.

Doch dazu kam es nicht. Die Machtstellung der *Ciompi* brach schon nach sechs Wochen zusammen. Handwerker und Ladenbesitzer, die bislang mit ihnen gemeinsame Sache gemacht hatten, schlugen sich als Folge des Produktionsstillstands, der Aussperrungen und zahlreicher Lockangebote auf die Seite der Unternehmer. Vier Jahre lang konnte der Mittelstand von diesem Schwenk profitieren und eine starke Position in der Republik behaupten. 1382 eroberte die wirtschaftliche Elite der Bankiers, Textilproduzenten und Großhändler ihre Schlüsselstellung zurück, um sie in den nachfolgenden 112 Jahren nicht mehr abzugeben.

Obwohl die Verfassungsordnung keine einschneidenden Veränderungen erfuhr, verengten sich Macht und Einfluss auf einen relativ schmalen Kreis von Familien, in dem die Albizzi die Hauptrolle spielten, gefolgt von den Capponi, Rucellai, Strozzi und anderen Gründungsgeschlechtern der «Zunftrepublik». Dadurch verschärfte sich der Kontrast zwischen der theoretisch gleichberechtigten Trägerschicht und der faktisch dominierenden Führungsschicht dramatisch. Wählbar waren dreihundert Familien mit zeitweise bis zu zweitausend Mitgliedern. Doch wirklichen Einfluss übten die wenigsten von ihnen aus, selbst wenn ihnen das Losglück hold war. Durch wirtschaftliche Potenz, seit Generationen erworbenes Sozialprestige und – wie im Falle des erfolgreichen Vermittlers und Schlichters Niccolò da Uzzano – auch durch persönliche Befähigung konnte dieser schmale Zirkel von etwa fünf Dutzend Personen seine Vormacht bis in die 1420er Jahre behaupten.

Führungsgeschick war um die Wende vom 14. zum 15. Jahrhundert mehr denn je vonnöten, um die Republik durch das gefährliche Fahrwasser der großen Politik zu steuern. Bedroht sah sich Florenz in dieser Zeit von Norden. Dort hatte die seit 1311 in Mailand regierende Familie Visconti nach schweren Kämpfen gegen den Papst und Venedig eine starke Machtposition ausgebaut, die ihr erfolgreichstes Mitglied, Gian Galeazzo, seit 1378 bis tief in die Toskana und nach Umbrien hinein erweiterte. 1395 kaufte sich der schwerreiche *signore* von König Wenzel den Titel eines Herzogs von Mailand und gewann damit die rechtliche Anerkennung des Reiches. So schien es nur noch eine Frage der Zeit zu sein, bis sich auch Florenz diesem übermächtigen Imperium unterwerfen musste.

Der politische und militärische Kampf zwischen den ungleichen Gegnern wurde von einem Krieg der Pamphlete begleitet und angeheizt. Hier hatte das unterlegene Florenz mit den bedeutenden Humanisten Coluccio Salutati und Leonardo Bruni die stärkeren Bataillone für sich. Als Kanzler der Republik für den diplomatischen Schriftverkehr zuständig, entfalteten die beiden wortmächtigen Politiktheoretiker eine ebenso emsige wie wirkungsvolle Propagandatätigkeit. In zahlreichen Briefen und Manifesten rühmten sie Florenz als Hort der Freiheit und brandmarkten Gian Galeazzo Visconti und dessen Nachfolger als finstere Tyrannen, unter deren Willkürherrschaft die besten Eigenschaften des Menschen verkümmern mussten. Den Schlag-abtausch verknüpften sie mit geschichtlichen und moralphilo-sophischen Abhandlungen, die die Untauglichkeit der monar-chischen Staatsform in Vergangenheit und Gegenwart belegen sollten und Florenz als beste aller politischen Welten darstellten.

Die Gelehrten in Diensten des Herzogs konterten mit Texten, die die dunklen Seiten der Republik betonten: das Elend der ausgebeuteten Massen, die Konzentration der Macht in den Händen einer verdienstlosen Clique und die zerstörerische Konkurrenz innerhalb der Führungsschicht selbst. Die ganze Kontroverse war typisch für den Stil der Humanisten: Beide Seiten bedienten sich ausgiebig bei antiken Autoren, beriefen sich auf Exempel der Altertums und dessen Geschichte und ver-teidigten damit nicht nur die Interessen ihrer Dienstherren, son-dern auch ihre persönliche Ehre als Gelehrte. Als Beweis dafür, dass sich lebenslang verbindliche Weltanschauungen heraus-bildeten und damit das Zeitalter politischer Ideologien begann, taugt die Debatte nicht; viele Humanisten wechselten ihre Positionen so oft wie ihre Anstellungsverhältnisse.

Am Ende entschieden weder die Waffen noch die Pamphlete, sondern die Pesterreger. Als Gian Galeazzo Visconti am 3. Sep-tember 1402 der Seuche zum Opfer fiel, sah sich Florenz vom Alptraum der Abhängigkeit und Einverleibung befreit – und er-blickte im plötzlichen Tod des Tyrannen ein Zeichen des gütigen Gottes. Das Visconti-Imperium bröckelte nun an allen Ecken und Enden. An der Peripherie war die Herrschaft des Mailänder *signore* immer nur als Not- oder Zwischenlösung verstanden worden und deshalb mit seinem Tod erledigt. Doch auch im Zentrum beruhte sie viel stärker auf persönlichem Prestige, als lieb gewonnene Vorstellungen vom «Tyrannenstaat» der Renaissance als Laboratorium der Moderne vermuten lassen. Gian Galeazzos Nachfolger Filippo Maria Visconti konnte nach einer längeren Krisenzeit sein geschrumpftes Territorium kon-solidieren und in den 1420er Jahren den Kampf gegen Florenz wieder aufnehmen, aber zu einer akuten Gefahr für die Unab-hängigkeit der Republik wurden diese Kriege nicht mehr. Vier

Jahre nach dem Tod des «Großtyrannen» gelang Florenz denn auch der große Coup: Die Republik brachte Pisa, die verhasste Rivalin seit unvordenklichen Zeiten, unter ihre Hoheit.

Auch der Druck von unten ließ allmählich nach. Die *Ciompi* hörten zwar nicht auf, ihren Unmut über die herrschenden Zustände zu bekunden, doch zu machtvollen Aktionen wie 1378 fanden sie sich nicht mehr zusammen. Die herrschende Oligarchie hatte ihre Lehren aus dem großen Aufstand gezogen und verfeinerte die Techniken der Einschüchterung und Repression, vor allem durch Prozesse gegen missliebige Anführer. Trotzdem nahm die Polarisierung im Inneren der Republik stetig zu. Für kritische Zeitgenossen wie den Großunternehmer und Politiker Buonaccorso Pitti litt das florentinische Gemeinwesen zu Beginn des 15. Jahrhunderts an moralischer Dekadenz. Alle Bürger waren nur noch auf ihren persönlichen Vorteil bedacht und schlossen sich daher zu Interessengruppen zusammen, die das Gemeinwohl bedenkenlos hintanstellten – so lautete seine pessimistische Diagnose, die viele teilten.

Zwei Jahrzehnte später ließ sich die Kritik an den *primi* und ihren Klientelverbänden präzisieren: Die zahlreichen Einzelnetzwerke fügten sich jetzt immer kompakter zu zwei großen Parteien zusammen, die sich immer unversöhnlicher gegenüberstanden. Parallel dazu wurde der Einfluss älterer Körperschaften – wie der Zünfte, der mit ihnen häufig eng verflochtenen religiösen Bruderschaften sowie der kommunalen Wohltätigkeitsorganisationen und sonstigen Kommissionen – immer kleiner. Das zeigte sich bei großen Bauaufträgen, städtischen Festen, Empfängen auswärtiger Würdenträger und selbst bei der Finanzierung von Kriegen. Bei allen diesen öffentlichen Aufgaben profilierten sich zunehmend einzelne Persönlichkeiten als Wohltäter der Kommune, und zwar – wie selbst eingefleischte Anhänger zugeben mussten – nicht nur aus Nächstenliebe und Patriotismus, sondern um für sich und ihre Partei zu werben. Auf einen Auftrag alten Stils gingen die Bronzetüren des Baptisteriums zurück. Den ersten Wettbewerb gewann 1401 der 24-jährige Goldschmied und Bildhauer Lorenzo Ghiberti. Er machte mit seinen 24 Vierpassfeldern, die Szenen aus dem

Leben des Erlösers zeigen, solchen Eindruck, dass ihm 1425 auch die Ausarbeitung des nächsten Portals übertragen wurde. In dieser viel bewunderten «Paradiespforte» schuf Ghiberti Szenen aus dem Alten Testament, die packende Begebenheiten wie die Geschichte von Jakob und Esau harmonisch, gefällig und fesselnd zugleich erzählen. Auch der Neubau der Kirche San Lorenzo ging ursprünglich auf einen kollektiven Auftrag zurück, doch wurde dieses Projekt unter der Leitung des Architekten Filippo Brunelleschi in der Folgezeit immer mehr von einer Person bestimmt: Cosimo di Giovanni di Bicci de' Medici, der unangefochten an der Spitze der einen großen Interessengruppe stand.

Seine Partei zeigte sich ihrer Konkurrentin in Sachen Propaganda weit überlegen. Ja, Cosimo de' Medici erwies sich in den nachfolgenden vier Jahrzehnten als unübertroffener Meister in der Kunst, einen schönen Schein zu erzeugen und hinter dieser Fassade planvoll zum Umbau der Republik zu schreiten.

Der Aufstieg der Medici

Wie die meisten Familien der herrschenden Oligarchie waren die Medici im 12. Jahrhundert vom Land in die Stadt eingewandert, wo sie erstmals 1216 Erwähnung fanden. Ihre Ursprungsregion war das Mugello nördlich der Stadt, dem sie durch Investitionen und Stiftungen dauerhaft verbunden blieben. Die Medici gehörten somit – entgegen allen späteren Legendenbildungen – weder zum feudalen Adel noch zu den *maiores* der frühen Kommune, sondern wie die große Mehrheit der späteren Elite zum *popolo grasso*. Auch in der Folgezeit hatten die Mitglieder des Geschlechts ihren Rivalen weder wirtschaftlich noch politisch etwas voraus. Sie bekleideten die Führungspositionen mit achtbarer, doch keineswegs überdurchschnittlicher Frequenz und gehörten auch geschäftlich nicht zum inneren Kreis der Oligarchie. Stattdessen machten sie von Generation zu Generation unliebsam auf sich aufmerksam, bis ihr Name im 14. Jahrhundert geradezu ein Synonym für Unfriedfertigkeit und Gewalttätigkeit wurde.

Schon 1293 waren wichtige Zweige des Geschlechts nur um Haaresbreite der Brandmarkung als Magnaten entgangen; danach folgten Verurteilungen zum Tode oder zur Verbannung wegen bewaffneter Auseinandersetzungen innerhalb des Sippenverbandes oder mit Nachbarn und Konkurrenten. Pluspunkte sammelten Angehörige des Geschlechts ausnahmsweise, als sie sich 1343 gegen den Herzog von Athen verschworen und sich nach dessen Vertreibung als Retter der kommunalen Freiheit feiern lassen durften. Doch auf diesen Ruhm folgte ein noch tieferer Abstieg. Die Talsohle der Familien-Reputation war 1382 erreicht, als Salvestro de' Medici wegen seiner Verwicklung in den Aufstand der Ciompi verbannt wurde. Im Juni 1378 hatte er als Staatsoberhaupt für zwei Monate die Initialzündung zum Aufstand der Wollarbeiter gegeben und auch in der Folgezeit für deren Interessen gewirkt. Dem gescheiterten Volkstribunen und seiner Familie kreideten seine Standesgenossen diese Kollaboration als Verrat an. Dieses Verdikt schlug sich im *squittinio,* nieder, wo die Medici von jetzt an einen schweren Stand hatten und so immer seltener für die Führungsämter wählbar erklärt wurden. Von immerhin 25 politikfähigen Mitgliedern im Jahre 1382 waren 1411 nur noch acht übrig geblieben. Auch ökonomisch war es mit den meisten Zweigen des ohnehin nicht allzu großen Sippenverbandes im 14. Jahrhundert bergab gegangen. Zu den wohlhabenderen Florentinern zählte an dessen Ende nur noch Vieri di Cambio de' Medici (1323–1395), der sich auch durch sein betont friedfertiges, ostentativ am Gemeinwohl orientiertes Sozialverhalten positiv von den schwarzen Schafen des Clans abhob.

Vieris eigene Nachkommen traten kaum hervor. Zur Gründergestalt der Dynastie wurde er auf Umwegen, nämlich dadurch, dass er einen entfernten Verwandten namens Giovanni di Bicci de' Medici (um 1368–1429) als Teilhaber in seine Bank aufnahm. Dieser stieg zwischen 1390 und 1420 vom Juniorpartner zum Firmenchef und schließlich zu einem der führenden Bankiers Europas auf. Als er 1420 seinen Söhnen Cosimo (1389–1464) und Lorenzo (1395–1440) die Leitung seines Unternehmens übertrug – nicht ohne bis zu seinem Tod neun Jahre später im Hintergrund mancherlei Operationen einzufädeln –, erbten diese nicht nur ein florierendes Bankenimperium, sondern auch eine sorgfältig von den Schlacken der Vergangenheit gereinigte Reputation.

Lukrative Geschäfte machte die Medicibank vor allem mit dem Papsttum, genauer: mit einem der drei um die Führung der Kirche rivalisierenden Päpste. Schon 1378 hatten die Kardinäle kurz nacheinander erst einen italienischen Pontifex maximus namens Urban VI. und dann einen französischen Kardinal gewählt, der sich Clemens VII. nannte und in Avignon residierte. 1409 sollte eine Kirchenversammlung in Pisa diesem Schisma ein Ende bereiten, doch konnte sich der dort gewählte Papst Alexander V. genauso wenig wie sein Nachfolger Johannes XXIII. gegen seine Rivalen durchsetzen. In diesem Wirrwarr setzten die Medici konsequent auf den «Pisaner» Papst, der bis zu seiner Absetzung auf dem Konzil von Konstanz im Jahre 1415 die meisten Legitimitätstitel auf sich zu vereinigen schien. Mindestens ebenso wichtig für diese Wahl war, dass Johannes XXIII., der aus der neapolitanischen Adelsfamilie Cossa stammte und einen zweifelhaften Ruf als maritimer Freibeuter genoss, über reiche Einkünfte verfügte und trotzdem stets auf Kredite angewiesen war. So führten ihm Vater und Sohn Medici nicht nur gegen hohe Gebühren die Konten, sondern verdienten auch kräftig an Darlehenszinsen. Trotzdem bedeutete Cossas Sturz nicht den Ruin ihrer Bank, denn auch zu den ab 1420 wieder unangefochten in Rom regierenden Päpsten ließen sich rasch gedeihliche Geschäftsbeziehungen anbahnen, so dass das Geld sogar vermehrt aus Rom in die Florentiner Firmenzentrale strömte.

Natürlich war die Medicibank auch in Florenz selbst profitabel tätig; darüber hinaus richtete sie wichtige Filialen in Venedig, Neapel, Genf, Ancona, Brügge, Pisa, London, Avignon und Mailand ein. Als deren Leiter beriefen Giovanni di Bicci und Cosimo, der sich gegenüber seinem jüngeren Bruder Lorenzo schnell als der eigentliche «Juniorchef» profilierte, vorzugsweise Verwandte, von denen man sich die größte Verlässlichkeit und Loyalität auf diesen schwer kontrollierbaren

Außenposten versprach – fast immer zu Recht. Die erfolgreiche Personalpolitik war kein Zufall. Einer Beförderung zum Leiter einer Filiale ging stets eine genaue Prüfung von Charakter und Fähigkeiten voraus; eine profunde Kenntnis des Menschen, speziell seiner Verführbarkeit und seiner Abgründe, bildete die Voraussetzung für das risikoreiche Metier des Bankiers. In Sachen Psychologie erwiesen sich Giovanni und Cosimo gleichermaßen als Meister – mit dem Unterschied, dass der Sohn die Kunst der Menschenerforschung und Menschenlenkung konsequent aus dem Geschäftsleben in die Politik übertrug.

Giovanni di Bicci hatte es verstanden, sich durch seine Tätigkeit in der Stadtregierung und in wichtigen Kommissionen den Ruf der Volkstümlichkeit zu erwerben. Er hatte sich bei Handwerkern und Ladenbesitzern vor allem dadurch beliebt gemacht, dass er für ein gerechteres Steuersystem votierte, das auf dem tatsächlich erzielten Einkommen nebst Vermögenswerten beruhen sollte. Obwohl er damit den Interessen der herrschenden Kreise entgegentrat, konnte er das Misstrauen der Albizzi und ihrer Verbündeten durch sein betont zurückhaltendes Auftreten in Grenzen halten. In diesem Sinne formulierte er laut Familienüberlieferung auch sein Vermächtnis an seine Söhne: Handelt als gute Bürger zur Förderung des Gemeinwohls, behaltet die Gunst des Mittelstands und vermeidet Konfrontationen mit den großen Familien! Das war eine fromme Botschaft, wie sie einem guten Christen an seinem Lebensende wohl anstand, doch ein Widerspruch in sich, weil in Florenz auf Dauer nur der im Wohlstand leben konnte, der sich politisch gut vernetzte.

Dieses alte Gesetz galt verschärft für die neuen Reichen aus der Familie Medici: Sie konnten ihre überragende Position in der heimischen und europäischen Geschäftswelt nur behaupten, wenn sie sich politisch absicherten. Doch eine solche Garantie war schwer zu finden. Eine Anbindung an die Albizzi-Partei war undenkbar; die großen alten Familien hätten Cosimo de' Medici allenfalls als Juniorpartner akzeptiert, doch auch in dieser untergeordneten Position stets mit Unbehagen beäugt. So blieb diesem nur der Weg, eine eigene Gefolgschaft als Gegenkraft zur herrschenden Fraktion aufzubauen. Doch auch damit konnte es nicht sein Bewenden haben. Der Dualismus, wie er sich seit Beginn der 1420er Jahre entwickelt hatte, spaltete die Kommune und drohte sie zu lähmen. Ein Entscheidungskampf um die alleinige Vorherrschaft in Florenz zeichnete sich am Horizont ab. In den Augen seiner Gegner war Cosimo de' Medici schon zu groß, um weiter geduldet werden zu können. Für Cosimo selbst war sein Reichtum zu groß, um ohne Kontrolle über die Kommune Bestand haben zu können. So war er durch seinen Erfolg als Geschäftsmann dazu gezwungen, die politische Macht zu erobern.

Darüber muss im Hause Medici zwischen 1425 und 1433 ausführlich debattiert worden sein. Das Fazit lautete, dass der immense Reichtum der Familie in Einfluss umgemünzt werden musste. In der Sprache der Gegner ausgedrückt: Cosimo musste sich Florenz und die Florentiner kaufen, um sie danach mit den Methoden des Bankiers zu beherrschen. Das hieß: Neue Kredite, günstige Heiratsverbindungen und einflussreiche Ämter würde es künftig nur noch gegen Beweise des Wohlverhaltens geben. Doch auch damit war es nicht getan. In Florenz waren seit jeher Familien an die Schalthebel der Macht aufgestiegen, um bald darauf anderen Platz zu machen. Eine politische Fehlkalkulation oder eine Fehlbesetzung an der Spitze des Netzwerks, und der Abstieg war besiegelt. So konnte die strategische Schlussfolgerung nur lauten: Wir müssen nicht nur die Macht erobern, sondern auch die Herrschaft der Familie auf Dauer absichern. Das war Dynastien wie den Visconti, Este und Gonzaga in Mailand, Ferrara und Mantua gelungen; in Venedig hingegen hatten solche Umtriebe im 14. Jahrhundert auf dem Schafott geendet. Wie ein solcher Versuch in Florenz ausgehen würde, stand in den Sternen.

Der Kampf um die Kommune

Freunde durch Geld: So lautete die Kernstrategie der Medici. Sie mussten möglichst viele Anhänger in den Zünften gewinnen, deren Mitglieder alle zwei Monate als neue Mitglieder der

Stadtregierung ausgelost werden konnten. Das hieß, vorrangig
Gefolgsleute aus den *arti maggiori* zu rekrutieren, ohne den
Mittelstand mit seinem Viertelquorum zu vernachlässigen. Die
wichtigsten Werbemittel, die Cosimo als Führer seiner Partei
zur Verfügung standen, waren Verschwägerung, Geld, Protektion und Aufträge. Schon seine eigene, von seinem Vater ar-
rangierte Heirat mit Contessina de' Bardi war ein geschickter
politischer Schachzug gewesen; die Bardi waren sehr viel älter
und vornehmer als die Medici, verschafften diesen also zusätz-
liches Prestige. Seinen ältesten Sohn Piero verheiratete Cosimo
mit Lucrezia Tornabuoni; auch das war in Anbetracht des
Ranges dieser Familie eine strategisch kluge Wahl und darüber
hinaus rein menschlich betrachtet ein Glückstreffer.

Heiratskandidatinnen und -kandidaten standen jedoch nur
begrenzt zur Verfügung. Die Kernfamilie der Medici war be-
drohlich klein, und auch ihre Seitenzweige wurden nicht mit
allzu viel Nachwuchs gesegnet. So spielte das Geld bei der
«Parteierweiterung» die unbestrittene Hauptrolle. Aus seinen
schier unerschöpflichen Reserven bezahlte Cosimo Steuerschulden, lieferte Mitgiften, machte Patengeschenke und steuerte das
Startkapital für Geschäftsgründungen bei. Als Mitglied zahlreicher Kommissionen und noch mehr als Privatmann setzte er
Bauhandwerker aller Sparten in Arbeit und Brot, vorzugsweise
in der Nähe der Familienresidenz bei San Lorenzo; das gleich-
namige *gonfalone* wurde so zu einem regelrechten Familien-
stützpunkt. Die Empfänger dieser Wohltaten, ob Patrizier oder
Handwerker, wussten, was sie ihrem Patron dafür schuldig
waren. In allen Ämtern, die ihnen im Namen der Kommune
übertragen wurden, hatten sie den Vorteil der Medici vorrangig
im Auge zu behalten. Cosimo selbst bekleidete wie seine Standesgenossen regelmäßig Führungspositionen der Republik und
konnte dadurch seine Parteigänger begünstigen. Noch viel einflussreicher war er durch seine engen Geschäftsbeziehungen zu
den Machtzentren und Eliten Italiens. Wer eine Empfehlung für
Venedig, Rom oder Neapel brauchte, wandte sich selbstverständlich an ihn; seine Empfehlungen öffneten an der Lagune,
im Vatikan und am Vesuv Tür und Tor. Und nicht nur dort: ob

es darum ging, Kontakte zur mächtigen Baronalfamilie der Orsini in Rom oder zu den Stadtherrn der Romagna zu knüpfen, Cosimo de' Medici wusste Rat. Diese guten Dienste blieben naturgemäß auch seinen Rivalen nicht verborgen. Manche von ihnen wie der kluge Niccolò da Uzzano konnten ihre Bewunderung für den Führer der Gegenpartei nicht verhehlen. So gab es einen weiteren guten Grund, sich der Medicipartei anzuschließen: den Glauben an die Fähigkeiten des Patrons und an dessen künftigen Sieg.

Auf diese Weise kam eine weit gespannte Interessengruppe zusammen, deren Merkmale sich von der Gegenseite deutlich abhoben. Die Medici zählten zwar auch Patrizier mit illustren Traditionen wie die Ridolfi, Guicciardini und Pitti zu ihren Anhängern, doch waren die *primi* in ihrem Netzwerk unterrepräsentiert. Stattdessen dominierten in ihrer Partei Familien, die entweder noch nie zum erweiterten Führungskreis der Republik gehört hatten oder seit geraumer Zeit aus diesem herausgefallen waren. Entsprechend groß war nicht nur das Frustrationspotential, sondern auch der Wille zur Macht. Die Aussicht, mit Hilfe der Medici endlich an die Spitze der Republik aufzusteigen beziehungsweise diesen verlorenen Platz wieder zu besetzen, schweißte zusammen und verlieh der Partei einen Zusammenhalt und eine Dynamik, die ihren Konkurrenten fehlten.

Diese Gegenpartei wies zwar die klangvolleren Namen und damit das größere Sozialprestige, doch auch eine Reihe von Schwachstellen auf. Ihre Führungsetage bestand aus einer Gruppe von weitgehend gleichrangigen Familien, sodass der nominelle Chef Rinaldo degli Albizzi faktisch wenig mehr als ein Primus inter pares war. Selbst diese Stellung war nicht unumstritten, da es Rinaldo nach Meinung einflussreicher Patrizier an den dazu notwendigen Eigenschaften *prudenza, virtù* und *dissimulatione* fehlte; gerade auf Besonnenheit, Tatkraft und die Fähigkeit, die Gegner über die wahren Absichten zu täuschen, aber kam es im Kampf um die Kommune an. So war die Albizzipartei nicht nur im Vergleich mit der vertikal aufgebauten Klientel der Medici horizontal, sondern auch viel lockerer organisiert und langsamer in ihrer Entscheidungsfindung. Zudem war sie als selbsternannte Gralshüterin der republikanischen Werte konservativ ausgerichtet und tat sich schwer damit, über den Schatten altehrwürdiger Traditionen zu springen – Skrupel, die ihre Gegner nicht im Geringsten plagten. Und nicht zuletzt saßen viele ihrer Mitglieder geschäftlich auf dem absteigenden Ast, sodass unter dem Strich das Geld der Medicipartei für viele den Ausschlag gab.

Dem Zwang, sich der einen oder anderen Seite anzuschließen, konnte sich kaum eine Familie der Ober- und Mittelschicht entziehen. Einige wenige Unbeugsame verweigerten diesen Schritt, huldigten ostentativ der alten Ideologie des Gemeinwohls und blieben neutral. Manche Sippen setzten auf das Prinzip der Rückversicherung und verteilten ihre Gunst auf beide Seiten, nach dem Muster: ein Zweig für die Medici, ein anderer für die Albizzi. So konnte der Sieger dem Verlierer helfen, die Gunst der Mächtigen zurückzugewinnen, unabhängig davon, wie der Konflikt ausging.

Der Kampf um die Macht in Florenz wurde ab 1425 zunächst verdeckt und mit dem Ziel ausgetragen, die Gegenseite zu diskreditieren und günstige Ausgangspositionen für den unvermeidlichen Endkampf zu gewinnen. Dabei punktete vor allem die Medicipartei. Ihr Führer Cosimo erklärte sich mit der Forderung des Mittelstands einverstanden, endlich ein verbindliches Steuerverzeichnis auf der Basis einer genauen Volkszählung und Eigentumsauflistung anzulegen, und gewann dadurch beträchtliche Popularität. Als dieser Kataster im Mai 1427 schließlich vorlag, war er allerdings hinter den Kulissen unermüdlich dafür tätig, die Reichen vor den Auswirkungen der vollmundig verkündeten Steuergleichheit zu schützen. Dass er selbst sein riesiges Vermögen nur unvollständig deklarierte, verstand sich vor diesem Hintergrund von selbst. Ebenso geschickt agierte der Chef des Hauses Medici, der dabei auf die uneingeschränkte Loyalität seines jüngeren Bruders Lorenzo zählen konnte, bei der Besetzung von Schlüsselpositionen der Republik. Leonardo Bruni, der Ende 1427 zum Chef der florentinischen Kanzlei aufstieg, war ein bewährter Vertrauensmann des großen Bankiers.

In ihre heiße Phase trat die Auseinandersetzung im Winter 1429/30, als Florenz aus nichtigem Anlass der verhassten Nachbarrepublik Lucca den Krieg erklärte; nach erprobtem Muster hofften beide florentinischen Parteien, durch Erfolge auf dem Schlachtfeld innenpolitische Vorteile zu gewinnen. Daher wurde die Kommission, deren Aufgabe darin bestand, die angeworbenen Söldnerführer zu kontrollieren, weitgehend paritätisch besetzt. Doch es kam genau umgekehrt: Der Krieg wurde zu einem Desaster, und Florenz musste nach mehr als zwei Jahren peinlicher Niederlagen froh sein, mit einem Friedensschluss davonzukommen, der den Status quo bestätigte. Helden gab es somit nicht zu feiern, wohl aber einen Retter: Cosimo de' Medici hatte in Form von Anleihen mehr als ein Viertel der gesamten Kriegskosten übernommen und die kleinen Leute dadurch vor hohen Steuerlasten bewahrt. Während sich führende Mitglieder der Albizzipartei durch ihre militärische Inkompetenz und Vetternwirtschaft bloßgestellt sahen, stand der Chef des Hauses Medici nicht nur mit sauberen Händen, sondern sogar als Musterpatriot da. Auch diese Runde ging somit an seine Partei.

Im Frühjahr und Sommer 1433 lagen die Nerven auf beiden Seiten blank. Alle zwei Monate richteten sich alle Augen auf die Lederbeutel, aus denen die Mitglieder der Stadtregierung gezogen wurden. Wem würde das Losglück zuerst eine klare Mehrheit bescheren? Und wie würde die von Fortuna begünstigte Seite diese Gelegenheit ausnutzen? An Argumenten für eine politische Verurteilung fehlte es beiden Parteien nicht. Sie warfen sich gegenseitig vor, nach der alleinigen Vormacht über die Kommune zu streben und zu diesem Zweck die verbindlichen Regeln des politischen Zusammenlebens mit Füßen zu treten. Sich selbst hingegen stellten sie als die einzige Kraft dar, die diesen Anschlag auf das freie Gemeinwesen abzuwehren vermochte. In Wirklichkeit ging es nicht um Recht, sondern um Macht – und darum, die öffentliche Meinung Italiens für sich einzunehmen.

Die Planung der Medici lief darauf hinaus, den Albizzi den Erstschlag zu überlassen. Das war eine Strategie mit höchstem

Risiko; ihre Erfolgsaussichten beruhten auf der Annahme, dass die Medici-Klientel auch nach einer Verurteilung ihres Führers handlungsfähig bleiben würde. Das aber war nur gewährleistet, wenn Cosimo am Leben und solvent blieb. Für seine Liquidität trug der kluge Bankier schon im Frühjahr 1433 dadurch Vorsorge, dass er große Vermögenswerte nach Venedig und Rom transferierte und damit dem Zugriff seiner Feinde entzog.

Kurz darauf spielten die Albizzi und ihre Anhänger tatsächlich die Rolle, die ihnen zugedacht war. Für die Monate September und Oktober 1433 wurde eine Stadtregierung ausgelost, die zu zwei Dritteln aus geschworenen Gegnern der Medici bestand. Sie hatte nichts Eiligeres zu tun, als Cosimo vorzuladen, angeblich zu Beratungen über dringende Staatsgeschäfte. Als dieser am 4. September 1433 im Stadtpalast eintraf, wurde er zuerst unter Vorwänden aufgehalten und danach festgenommen. Daraufhin zogen Rinaldo degli Albizzi und seine Anhänger zum Zeichen ihres Triumphes durch die Straßen und riefen ein sogenanntes *parlamentum* ein. Diese außerordentliche Versammlung aller stimmberechtigten Bürger bestellte eine *balìa*, eine Sonderkommission mit unbeschränkten Vollmachten. Diese schloss alle wichtigeren Mitglieder des Medici-Clans für zehn Jahre von allen politischen Ämtern aus und schickte acht von ihnen für dieselbe Zeit ins Exil: Cosimo wurde zuerst nach Padua, dann nach Venedig verbannt. Zusätzlich musste die Bank für das Wohlverhalten der Familie Kautionen stellen, die sich insgesamt auf ein Viertel der zwischen 1430 und 1433 gewährten Kriegskredite beliefen. Das war entschieden zu wenig, um die Firma in den Ruin zu stürzen. Kurz darauf wurden die prominentesten Anhänger der Medici auf einem eigens anberaumten *squittinio* von den Ämtern ausgeschlossen, doch eine umfassende Säuberung der politischen Klasse blieb aus. So hing alle zwei Monte bei der Ziehung zur Stadtregierung ein Damoklesschwert über den Siegern.

Damit war alles – so paradox es klingt – nach Cosimos Plan gelaufen. Sein Weg ins Exil wurde zu einem regelrechten Triumphzug. Auf allen Stationen wurde der große Bankier feierlich empfangen, ja, wie ein Märtyrer der republikanischen Gerechtigkeit begrüßt und gepriesen. Obwohl er unschuldig war, hatte er den ungerechten Urteilsspruch seiner undankbaren Mitbürger klaglos auf sich genommen – diese Inszenierung machte tiefen Eindruck. Die Albizzipartei hingegen war trotz ihres Erfolgs verunsichert und konnte sich trotz Drängens ihres Führers nicht zu entschlossenen Sicherheitsmaßnahmen durchringen. Jede Ziehung einer neuen Stadtregierung wurde so zu einer Zitterpartie. Diese Tatenlosigkeit erweckte den Eindruck der Hilflosigkeit, ja, der Resignation. Warteten die Sieger schicksalsergeben auf die Stunde ihrer Niederlage? Für einige ältere Patrizier mochte diese Diagnose zutreffen, sie waren mit ihrem Latein am Ende. Andere trafen eifrig Vorkehrungen, um sich mit den Medici gut zu stellen. Einige erhofften die Lösung aller Probleme von einem illustren Gast, der seit kurzen innerhalb der Stadtmauern weilte: Papst Eugen IV. war im Mai 1434 von der römischen Kommune aus seiner Hauptstadt vertrieben worden und nach Florenz ins Exil gegangen. Alle zusammen harrten der Dinge, die da aus den Lederbeuteln kommen sollten.

Fünfmal hatten die Gegner der Medici Glück. Doch für die Monate September und Oktober 1434 wurde eine Stadtregierung ausgelost, in der Cosimos vertrauenswürdige Anhänger stark vertreten waren. Sie stellten den Bannerträger der Gerechtigkeit und drei Prioren; deren fünf Amtskollegen waren weniger eindeutig festgelegt, doch überwiegend keine geschworenen Anhänger der Albizzi. Das neue Staatsoberhaupt ließ als erste Amtshandlung seinen Vorgänger verhaften; kurz darauf wurde ein *parlamentum* angesetzt. Was die versammelte Bürgerschaft unter dem «Schutz» bewaffneter Kontingente beschließen würde, war unschwer absehbar: Ausschluss der Medicigegner von den Ämtern, Verbannung, vielleicht Schlimmeres. Um das Blatt in letzter Minute zu wenden, rief Rinaldo degli Albizzi am 26. September seine Anhänger zum Straßenkampf auf. Wenige kamen, viele ließen sich entschuldigen, mehr als ein schwächliches Aufbegehren kam nicht zustande. Auch Papst Eugen IV. hatte dem verzweifelten Rinaldo keine praktische Hilfe, sondern nur salbungsvolle Worte des Trostes zu bieten: Gott hatte gegeben, Gott hatte genommen, der Mensch musste sich fügen. Das hieß im Klartext: Die Medici herrschten, und ihre Gegner hatten das Feld zu räumen.

Kurz nach dem erfolgreichen Staatsstreich ließ der Sieger in der Grabkapelle seiner Familie einen nächtlichen Sternenhimmel malen, der eine ganz besondere Heilskonstellation anzeigte. Die Botschaft des Kunstwerks in der von Brunelleschi als lichte dreischiffige Basilika mit korinthischen Säulen gestalteten Kirche San Lorenzo war deutlich genug formuliert: Die Herrschaft der Medici ist von der göttlichen Vorsehung gewollt, die hinter den Planetenkonstellationen steht. Hieß das, dass Cosimo de' Medici, der Auftraggeber des Freskos, an eine vom Himmel übertragene Mission glaubte? Alle biographischen Zeugnisse sprechen für seinen scharf kalkulierenden Verstand, für eine illusionslose Einschätzung aller Lebenslagen und somit gegen jede Form von Selbstüberschätzung oder gar blinder Schicksalsgläubigkeit. So bleibt nur der Schluss, dass der kühl abwägende Bankier als Politiker eine Hochrisikostrategie verfolgt hatte, weil ihm nach nüchterner Einschätzung nichts anderes übriggeblieben war.

4. Die Republik der Medici (1434–1494)

Abrechnung und Neuordnung

Die Würfel waren zugunsten der Medici gefallen. Was jetzt geschehen musste, hatten die Verlierer ein Jahr zuvor unfreiwillig vorgemacht – alles, was sie versäumt hatten, besaß jetzt höchste Priorität. Die Rehabilitierung Cosimos, der im Gegensatz zu späteren Triumphbildern nicht in feierlicher Prozession, sondern vorsichtshalber bei Nacht und Nebel zurückkehrte, das *parlamentum* und die von diesem bestellte Sonderkommission waren reine Formalitäten. Ernst wurde es mit der Durchmusterung der politischen Klasse, mit der sich die Sieger viel Zeit ließen, und zwar mit Absicht, denn je länger die Anhänger der Albizzi auf die Folter gespannt wurden, desto größer wurde ihre Bereitschaft, andere zu denunzieren und Parteigeheimnisse auszuplaudern. Die «Entalbizzifizierung» war am 3. November 1434 abgeschlossen. An diesem Tag wurde die Liste veröffentlicht, mit der mehr als neunzig Anhänger des alten Regimes aus Florenz verbannt wurden. Zusammen mit denjenigen, die in Florenz bleiben, aber keine Ämter mehr bekleiden durften, wurden 109 Personen vom politischen Leben ausgeschlossen. Darunter waren über Parteigrenzen hinweg respektierte Persönlichkeiten wie der greise Palla Strozzi, der sich erst spät und widerstrebend den Gegnern der Medici angeschlossen hatte.

Parteiräson kam vor christlichem Mitleid. Neben Palla und den Albizzi mussten führende Linien der Aldobrandini, Altoviti, Brancacci, Corsi, Gianfigliazzi, Guadagni, Peruzzi und Ricasoli den bitteren Weg in die Verbannung antreten: ein kleines Who is who der alten Republik. Todesurteile wurden 1434 durch die Medici ebenso wenig verhängt wie im Jahr zuvor durch die Albizzi. Diese Mäßigung stand in auffallendem Gegensatz zu so vielen gleichzeitigen oder späteren Konflikten in anderen Städten Italiens und Europas. Nach drei Jahrhunderten kommunaler Regierung hatte der Prozess der Zivilisation in Florenz einen Entwicklungsstand erreicht, der Blutvergießen ausschloss und auch in Zukunft stark eindämmte. Trotzdem sollte man die «Menschlichkeit» der Sieger nicht unbesehen loben. Zum einen war auch die Verbannung eine harte Strafe; Palla Strozzi zum Beispiel erholte sich von diesem Schlag nicht mehr und starb im Exil. Zum anderen stand hinter der Zurückhaltung nüchternes politisches Kalkül.

Einige der vertriebenen Geschlechter wie die Brancacci verschwanden auf Dauer aus den Annalen von Florenz. Doch die meisten Exilierten durften noch selbst ein Comeback erleben. Die Medici überwachten das geschäftliche und politische Verhalten ihrer Gegner an deren neuem Aufenthaltsort sehr genau und honorierten gute Dienste mit der Erlaubnis zur Rückkehr. Nach weiterem Wohlverhalten konnten sie sogar in den Kreis der Gunstempfänger aufgenommen werden. Hart war auch das Los der Verdächtigen in Florenz selbst. Sie standen ebenfalls unter Beobachtung und Bewährungszwang. Giovanni Rucellai

Der Palazzo Rucellai, ent-
worfen von Leon Battista
Alberti

(1403–1481), Palla Strozzis Schwiegersohn, ging daraufhin, wie
seine Aufzeichnungen belegen, in die innere Emigration, betrieb
gelehrte Studien und harrte der Wiederaufnahme in den Kreis
der *primi*, die er 1466 durch die Heirat seines Sohnes Bernardo
mit Nannina, der Tochter Piero de' Medicis, noch erleben durfte. Besondere Glückserlebnisse verschaffte ihm – wie seine Aufzeichnungen belegen – der 1457 begonnene Bau seines Palastes,
den der humanistisch gebildete «Gentleman-Architekt» Leon
Battista Alberti aus der gleichnamigen Florentiner Magnaten-
familie für ihn gestaltete. Alberti, der sich lebenslang durch
seine außereheliche Geburt benachteiligt fühlte, schuf für den
suspekten Patrizier Rucellai einen Wohnsitz, der mit seiner
zurückhaltenden Eleganz und seinen noblen Formen dessen
innere Emigration und zugleich den Widerwillen gegen das
Auftrumpfen der Sieger zu spiegeln scheint.

Dasselbe Team aus Auftraggeber und Architekt nahm kurz
darauf die Fassade der Dominikanerbasilika Santa Maria No-

Die von Leon Battista Alberti
1470 fertiggestellte Fassade
von Santa Maria Novella

vella in Angriff. Im Hauptportal nahm Alberti Motive des römischen Pantheon auf; Unter- und Obergeschoss verband er durch zwei monumentale Voluten. Die stilbildende Schauseite der alten Kirche wird vom Namen des Auftraggebers signiert – 1470 war die soziale und politische Wiedereingliederung der Familie Rucellai erfolgreich abgeschlossen.

Eine politische Wiederauferstehung erlebten schon im Herbst 1434 die so lange von den Schlüsselpositionen der Republik ferngehaltenen Magnaten; nicht weniger als 232 von ihnen erhielten jetzt das soziale und politische Gütesiegel der *popolani*, friedlicher Mitglieder des guten Volkes. Die Rehabilitierten wussten, wem sie zu danken hatten: Cosimo de' Medici, der neue Überpatron der politischen Klasse, konnte auf die Unterstützung von 21 einflussreichen Familien zählen. Doch alle diese Maßnahmen reichten nicht aus, um die frisch gewonnene Macht angemessen abzusichern. Um sich vor unliebsamen Überraschungen bei der Ziehung der Spitzenämter zu schützen, hätte man im anstehenden *squittinio* zu einer radikalen Säuberung schreiten können. Doch das hätte unerwünschtes Aufsehen erregt und böses Blut gemacht.

So entschied sich die Führung der Medicipartei für eine unauffälligere, doch nicht weniger einschneidende Lösung. Sie ließ nur noch die Namen von erprobten Parteigängern in die Beutel füllen, aus denen die Inhaber der Führungspositionen gezogen wurden. Auf diese Weise reduzierte sich das Feld der Kandidaten mit einem Schlag von zweitausend auf vierundsiebzig. Die Republik Florenz wurde dadurch von einer breit abgestützten Oligarchie zur *cosa nostra* einer Interessengruppe. Durch einen einzigen Eingriff war der komplexe Mechanismus der Kommune grundlegend verwandelt worden; an die Stelle des offenen Wettbewerbs innerhalb der politischen Klasse war die Kontrolle eines Netzwerks und ihres Führers getreten. Die Manipulation der Wahlbeutel im Herbst 1434 war eine Revolution. Ob sie dauerhaften Wandel zur Folge haben würde, hing von den Reaktionen ab. Um Widerstand und Gegenwehr so gering wie möglich zu halten, ließ Cosimo de' Medici Kontinuität zelebrieren – die Staatsgeschäfte liefen weiter, als sei nichts geschehen. Er selbst bekleidete die Führungspositionen nicht häufiger als zuvor und präsentierte sich offiziell als einfacher Bürger ohne speziellen Titel oder gar Sonderkompetenzen.

Trotzdem blieb die Verengung der kommunalen Machtbasis nicht folgenlos. Eingeweiht in die Mechanismen der Republik-Regulierung waren naturgemäß die Beutelfüller (*accoppiatori*) selbst. Ihnen schaute bei ihrer stillen Manipulation niemand auf die Finger, also mussten sie zu den Treuesten der Treuen zählen. Doch musste über kurz oder lang auch die breitere Öffentlichkeit erkennen, was hier gespielt wurde. Kein noch so absonderlicher Zufall konnte sechsmal pro Jahr dieselben Mehrheitsverhältnisse zugunsten der Medici herbeiführen. Dass devote Diener Cosimos dem Schicksal auf die Sprünge halfen, war also schnell ein offenes Geheimnis. Doch die Parteiräson, die jetzt zur Staatsräson wurde, verlangte kategorisch, dieses heikle Thema auszuklammern. In die Selbstdarstellung der Republik, doch auch in die repräsentativen Geschichtswerke eines Leonardo Bruni fand die stille Umwälzung der politischen Verhältnisse keinen Eingang. Für den großen Humanisten zahlte sich diese Verschwiegenheit aus; er behielt nicht nur sein hoch bezahltes Amt als Kanzler der Republik, sondern wurde auch an lukrativen Geschäften beteiligt und stieg unter die 75 reichsten Florentiner seiner Zeit auf.

Einigermaßen sicher im Sattel durften sich Cosimo, sein Sohn Piero und sein Enkel Lorenzo nur fühlen, wenn die Mehrheit der führenden Familien sie als Sachwalter ihrer ureigenen Interessen akzeptierte. Ihre Stellung hing somit ganz unmittelbar davon ab, in welchem Maße sie ihre Funktion für die Elite erfüllten. Wenn sie die Privilegien der *primi* nicht nur schützten, sondern weiter ausbauten, die Ansprüche des Mittelstands zurückwiesen, soziale Mobilität auf ein Minimum reduzierten und das Prestige von Florenz nach außen mehrten, durften sie ihre Rolle als Moderatoren und Schiedsrichter hinter den Kulissen weiter spielen. Zeigten sie sich diesem permanenten Zwang zur Bewährung hingegen nicht gewachsen, hatten sie ihre Schuldigkeit getan und mussten anderen Platz machen, die es besser konnten. Mit anderen Worten: Für die großen Familien war die Vormachtstellung der Medici ein reines Mittel für ihre Zwecke. Cosimo und die Seinen sahen dieses Verhältnis umgekehrt. Sie wollten ihre Machtstellung auf Dauer sichern und waren dafür einstweilen auf den Konsens der Elite angewiesen.

Doch mit dieser Abhängigkeit vom Wohlwollen des Patriziats konnte es für die Medici nicht sein Bewenden haben. Hinter den kurz- und mittelfristigen Szenarien der Machtsicherung zeichnete sich deshalb von Anfang an eine viel weiterreichende Strategie ab: Florenz zu einem Medici-Prinzipat umzugestalten und die Machtausübung der Familie auf diese Weise in die gesicherten Bahnen dynastischer Herrschaft zu lenken. Voraussetzung für diese große Umwandlung war eine Veränderung des Bewusstseins und der Mentalitäten. Neue Werte, neue Ideologien mussten verbreitet und verwurzelt werden. Zu diesem Zweck musste die Familie ein neues Bild von sich und ihrer historischen Mission entwerfen und propagieren. Mit der Machteroberung im Herbst 1434 standen die Medici somit erst am Anfang.

Erfolge und Sackgassen

Phasen der Konsolidierung und Krisen folgten nach 1434 rasch aufeinander. Die ersten sieben Jahre verliefen mit militärischen Siegen gegen Mailand so erfolgreich, dass man 1441 die Beutel wieder öffnen und zu dem vor 1434 üblichen Prozedere der unkontrollierten Losziehung übergehen konnte. Als 1443 die Rückkehr zahlreicher Exilierter bevorstand und daher mit politischen Unwägbarkeiten zu rechnen war, praktizierte man ein gemischtes System aus freier Ziehung und Handverlesung. Diese trat im Zeichen einer ökonomischen Krise und verbreiteter Unzufriedenheit ab 1449 wieder uneingeschränkt in Kraft. Das Regime fühlte sich so unsicher, dass sogar eine Sonderkommission (*balìa*) eingerichtet wurde, um Opposition im Keim zu ersticken. Doch dieser Widerstand kam von oben, aus den Kreisen der wichtigsten Gefolgsleute, und ließ sich daher mit Verfassungsänderungen allein nicht unterdrücken. Führende Patrizier waren der Ansicht, dass Cosimo nach einem Vierteljahrhundert seine Aufgabe, Florenz zu befrieden, erfüllt hatte und in den ehrenvollen politischen Ruhestand treten sollte. Sie fühlten sich durch die Vormacht der Medici in den Schatten gestellt und waren davon überzeugt, sich auch ohne deren Protektion an den Schalthebeln der Macht behaupten zu können.

Der 66-jährige Cosimo hörte sich ihre Wünsche an, segnete sie ab, ließ die Beutel öffnen – und erteilte den undankbaren *primi* eine Lektion. Diese mussten schnell erkennen, dass sie sich verkalkuliert hatten. Die von der Patronage der Medici bislang ausgeschlossenen Familien drängten nach oben, die Mittelschicht pochte auf eine stärkere Teilhabe am politischen Leben, und auf die Nutznießer des Systems zeigte man auf der Straße mit dem Finger. Alles, was ab 1434 gewonnen worden war – erhöhtes Sozialprestige, das Monopol der Führungspositionen, innerer Ausgleich und feste Hierarchien innerhalb der Elite –, war mit einem Mal in Frage gestellt und die Unverzichtbarkeit der Medici-Patronage damit erwiesen.

So hatte Cosimo bei einem zweiten Staatsstreich leichtes Spiel. Im August 1458 wurde mit der Zustimmung der meisten *primi* das obligate *parlamentum* einberufen, das die nötigen Vollmachten für eine Säuberung der politischen Klasse erteilte. Die Rädelsführer der Opposition wurden verbannt und die Schrauben der Handverlesung und Kontrolle erneut angezogen. Doch anders als im Herbst 1434 blieb die Zahl der Verbannten diesmal gering; die Truppen, die den Coup absicherten, schickte Francesco Sforza aus Mailand. Sforza war 1450 vom Führer einer Söldnerarmee de facto zum Herzog von Mailand aufgestiegen, auch wenn ihm der Kaiser diesen Titel vorenthielt. Diese erstaunliche Karriere war mit dem Geld der Medici-Bank finanziert worden, das jetzt reiche politische Zinsen trug. Zugleich spiegelt die Episode wider, dass die Medici im übrigen Italien mehr galten als in Florenz. Für auswärtige *signori* und Republiken waren sie verkappte Herrscher im Bürgergewande und damit ein Machtfaktor ersten Ranges. So musste der Weg zur fürstlichen Macht von außen nach innen führen.

Mit dem dank Mailänder Unterstützung errungenen Sieg war auch der Weg zum Ratsgremium der Hundert freigemacht. Hundert war zwar noch nicht die eigentliche Wunschzahl, doch immerhin eine weitere erfreuliche Verkleinerung. Trotzdem war die nächste große Herrschaftskrise absehbar. Sie trat mit Cosimos Tod am 1. August 1464 ein. Die Stellung eines Parteiführers war nach Ansicht der Geführten nicht zwingend erblich. Wer dem Alten, dem man posthum den Ehrentitel «Vater des Vaterlandes» verlieh, als Vater des Patriziats nachfolgen sollte, musste sich an den individuellen Fähigkeiten erweisen. In dieser Hinsicht fühlten sich viele besser geeignet als Piero de' Medici, Cosimos schwer gichtkranker Sohn. Dieser erwies sich jedoch als wahrer Erbe seines Vaters, wiegte die unzufriedenen *primi* in Sicherheit und schlug 1466 zu, als seine Konkurrenten sich bereits am Ziel wähnten: Erneut wurde mit mailändischen Truppen die unvermeidliche politische Flurbereinigung vorgenommen und damit für den nächsten Erbfall vorgesorgt. Er trat mit Pieros Tod schon 1469 ein und brachte dessen zwanzigjährigen Sohn Lorenzo problemlos an die Spitze der Partei und der Republik.

Doch dieser leichte Übergang täuschte. Auch Lorenzo, dem schon die Zeitgenossen den nicht unüblichen Beinamen «il mag-

Domenico Ghirlandaio,
Lorenzo de' Medici (zweiter
von links) und Vertraute,
Ausschnitt aus einem Fresko
in der Sassetti-Kapelle von
Santa Trinità

nifico», «der Prächtige», gaben, musste sich starker Opposition
von innen wie außen erwehren. Beides zusammen hätte ihn im
April 1478 fast das Leben gekostet.

Einer Verschwörung der florentinischen Patrizierfamilien
Pazzi und Salviati, die in Rom von Papst Sixtus IV. koordiniert
und von Federico da Montefeltro, dem Herzog von Urbino,
organisiert wurde, fiel bei einem Attentat im Florentiner Dom
Lorenzos jüngerer Bruder Giuliano zum Opfer. Lorenzo über-
lebte leicht verletzt. Im nachfolgenden Straßenkampf trugen
seine Anhänger einen leichten Sieg davon, die Rache an den
überlebenden Verschwörern wurde fürchterlich. Auch den
nachfolgenden Krieg gegen Rom und Neapel überstand er
unbeschadet, obwohl dieser Konflikt mit dem päpstlichen Interdikt und erhöhten Steuern die Florentiner Wirtschaft aufs
Schwerste schädigte.

Nach dem Friedensschluss, den Lorenzo mit einer spekta-
kulären Reise ins verfeindete Neapel publikumswirksam einlei-
tete, zogen die Medici die politischen Zügel nochmals straffer

an. Das wichtigste Ratsgremium zählte von jetzt an nur noch 70 Mitglieder, für die Führungsämter in Florenz und in seinem ländlichen Untertanengebiet wurde konsequenter denn je ausgesiebt und handverlesen. Lorenzos vierzehn letzte Herrschaftsjahre bis zu seinem frühen Tod mit nur 43 Jahren im April 1492 verliefen daher ruhig. Doch schon zweieinhalb Jahre später musste sein ältester Sohn und Erbe Piero mit seinen engsten Angehörigen fluchtartig ins Exil ausweichen – Florenz war der Vorherrschaft der Medici müde geworden.

Der Blick auf die politische Entwicklung aus der Vogelschau bestätigt die Diagnose, die schon 1434 getroffen worden sein muss: Als Strippenzieher im Hintergrund oder, wie es die Florentiner zur Zeit Lorenzos vornehmer ausdrückten, als «erster Mann der Republik» konnte man die notorisch unruhige Stadt nicht unter Kontrolle halten. Cosimo, den seine Nachkommen in Abgrenzung zu späteren Familienmitgliedern «il vecchio» nannten und zu Recht als ihren Größten verehrten, hatte die Bandbreite der unmittelbaren politischen Machterweiterungsmaßnahmen vorgegeben und zugleich weitgehend ausgeschöpft: Außer Handverlesung und Gremienverengung boten sich keine weiteren Handhaben. Auch seine sozialen Strategien blieben das Maß aller Dinge. Mehr denn je mussten die Medici darauf bedacht sein, die wirklich einflussreichen Persönlichkeiten in ihre Gefolgschaft zu integrieren. Diese «indirekte» Regierung der Medici durch Mittelsmänner erwies sich nicht nur als mühsam und nicht selten zermürbend, wie die zahlreichen Briefe eines Lorenzo il Magnifico zur Auswahl der Kandidaten für zahllose kleine und größere Ämter inner- wie außerhalb von Florenz zeigen, sondern schließlich geradezu als politische Quadratur des Kreises: Je mehr Kompetenzen der Chef des Hauses Medici an sich zog, desto problematischer wurde es, die Interessen der Familie mit dem Vorteil der Kommune und deren führender Familien zu verknüpfen sowie die Frustration der von den Segnungen der Macht Ausgeschlossenen zu kompensieren. So trug die unleugbare Erweiterung von Zuständigkeiten und das Ansehen, das Lorenzo vor allem nach 1478 durch seine kluge Ausgleichs-Diplomatie in ganz Italien gewann, zugleich

den Keim des Verfalls in sich. Wie es Francesco Guicciardini
anderthalb Jahrzehnte nach Lorenzos Tod unnachahmlich auf
den Punkt brachte: Lorenzos Herrschaft begünstigte die einen
und benachteiligte die anderen; diejenigen, die seine Gnaden-
sonne nicht beschien, hatten keine Chance, auch wenn sie noch
so tüchtig und tugendhaft waren. Daher war Lorenzo ein
Tyrann, allerdings ein milder. Doch am Ende blieb ein Tyrann
ein Tyrann.

Wie schon sein Großvater vernetzte sich Lorenzo mit ein-
flussreichen Familien außerhalb von Florenz wie den Orsini.
Mit Papst Innozenz VIII. (1484–1492) knüpfte er so enge
Bande, dass sich ein äußerst vorteilhafter Handel einfädeln ließ:
Der Sohn des Pontifex maximus heiratete Lorenzos Tochter
Maddalena, und Lorenzos Zweitgeborener Giovanni wurde als
Gegenleistung dafür zum Kardinal ernannt. Nach diesem spek-
takulären Zugewinn von Einfluss und Ansehen ging es rasch
bergab. In nur zwei Jahren von 1492 bis 1494 verspielte Piero
de' Medici durch sein herrisches Gehabe und seine unkluge
Außenpolitik einen Großteil des sozialen und politischen Kapi-
tals, das drei Generationen der Medici angesammelt hatten.
Doch nicht alles ging im stürmischen Herbst 1494 verloren.
Zahlreiche Florentiner glaubten weiterhin daran, dass alles Heil
ihrer Stadt von den Medici kommen müsse; für die meisten
Mächtigen Italiens waren sie ohnehin längst die wahren Herrscher von Florenz und sollten dies auch in Zukunft bleiben.

Konkurrenz und Kultur

Nach dem Kataster vom Mai 1427 zählte Florenz 37 144 Einwohner. Dazu gehörten ungewöhnlich viele große Bildhauer,
Architekten und Maler wie Lorenzo Ghiberti, Donatello,
Michelozzo di Bartolomeo, Filippo Brunelleschi, Fra Angelico
und Masaccio – um nur die Wichtigsten zu nennen. Enthusias-
tische Kulturphilosophen des 19. Jahrhunderts haben in beweg-
ten Worten diesen «Geniequotienten» der Stadt, der sich in den
beiden nächsten Generationen mit Sandro Botticelli, Leonardo
da Vinci und Michelangelo Buonarroti weiter erhöhte, beschwo-

ren und dieses Wunder an Schönheit und Geist ganz überwiegend den Medici gutgeschrieben. Unter ihrer kunstsinnigen und kulturverliebten Ägide – so urteilte schon Voltaire – entstand in Florenz ein Klima des geordneten und intensiven Wettbewerbs, dem die ganze Stadt, vom Tagelöhner bis zum Bankier, gebannt beiwohnte und den die Medici als Juroren präsidierten. Auch diesen Mythos hat das Propagandagenie Lorenzo il Magnifico sorgsam gepflegt, ebenso wie seinen Ruf als Kunstexperte, der die Eliten Italiens mit begnadeten Künstlern aus seiner Heimatstadt versorgte. Dieses strahlende Bild des Medici-Mäzenatentums wurde von der Kunstwissenschaft des 20. Jahrhunderts jedoch immer düsterer eingefärbt, bis Lorenzo nicht mehr als der Prächtige und Förderer, sondern eher als Verhinderer der Renaissancekultur dastand. Richtig daran ist, dass die Liste der Kunstaufträge, die von den Medici nach 1464 initiiert und finanziert wurden, im Vergleich mit der Fülle aufwendiger Projekte, die unter Cosimo verwirklicht wurden, kurz und karg ausfällt. Am Geld – so viel steht nach neuesten Forschungen fest – lag es nicht. Die Bank der Medici geriet unter Lorenzo nicht in ihre finale Krise und wurde nach 1494 auch nicht liquidiert, sondern warf unter Tarnadressen und der Leitung von Mittelsmännern weiter üppige Gewinne ab.

Eine ausgewogene Würdigung der Rolle, die die Medici im «Kulturfrühling» von Florenz spielten, gelangt zu dem Ergebnis, dass Cosimo und Piero durch kostspielige eigene Projekte markante Akzente setzten und damit zugleich eine außerordentlich intensive Konkurrenz unter den übrigen Patrizierfamilien auslösten, die nach den Spielregeln der Medici in Bauten, Bildern und Statuen ausgetragen wurde. Lorenzo hingegen nahm ganz überwiegend die Pose des Kunstkenners und Kunstschiedsrichters ein, der andere zum höheren Ruhm seiner Heimatstadt und seiner Herrschaft Aufträge erteilen ließ. Alle drei Medici gemeinsam aber schufen dadurch, dass sie den führenden Familien Schutz vor dem unruhigen Mittelstand, erhöhtes Sozialprestige und inneren Frieden boten, die Voraussetzungen dafür, dass sich Künste und Künstler in einzigartiger Fülle entfalten konnten. In diesem wettbewerbsfreudigen Klima ging es den Auftrag-

Das Findelhaus (Ospedale degli Innocenti), eines der Hauptwerke von Filippo Brunelleschi

gebern vorrangig darum, die Größe ihrer Familie sichtbar zu dokumentieren. Diese Rivalität wurde auch unter den Künstlern selbst, denen sich damit die Chance für Wohlstand und einen gewissen sozialen Aufstieg durch die Protektion der Mächtigen bot, immer intensiver ausgetragen. Zugleich gewannen sie im sozial konservativen, doch allen Neuerungen im Bereich der Medien aufgeschlossenen Milieu von Florenz eine vorher unbekannte Freiheit, mit neuen Stilrichtungen und Formen zu experimentieren.

So fällt der Stilwandel von der «Spätgotik» zur «Renaissance» nicht mit der Machteroberung der Medici zusammen. Schon im zweiten und dritten Jahrzehnt des 15. Jahrhunderts entstanden Kunstwerke mit einem unerhörten ästhetischen Innovationspotential: Donatellos heiliger Georg an der Kirche Or San Michele und Masaccios Fresken in der Brancacci-Kapelle von Santa Maria del Carmine zeigten den Menschen nicht nur plastischer, sondern auch lebendiger, individueller und psychologisch differenzierter als ihre unmittelbaren Vorgänger. Speziell die Bilder wurden durch die Erschließung der Zentralperspektive

Die Kuppel des Doms Santa
Maria del Fiore

spannungsreicher, authentischer und nachvollziehbarer. Parallel
dazu entdeckte und interpretierte ein Architekt wie Brunelleschi
die Bauformen der Antike neu. 1419 begann er das Ospedale
degli Innocenti, das Florentiner Findelhaus, als eine fromme
Stiftung der Seidenproduzenten-Zunft.

Neuartig an diesem traditionellen Projekt wurde vor allem
die Fassaden-Loggia mit ihren Säulen, den Wandkonsolen und
dem Pendentifgewölbe. Brunelleschis eigentliches Prestigepro-
jekt wurde jedoch die auf ältere Planungen zurückgehende Kuppel des Doms Santa Maria in Fiore, die von 1420 bis 1436 mit
innovativen Techniken bis auf die Laterne vollendet wurde;
diese wurde nach einem Entwurf Brunelleschis erst nach dessen
Tod beendet.

1436 hatte dieser mit der Kirche Santo Spirito auf dem gegenüberliegenden Arno-Ufer einen weiteren Musterbau der frühen Renaissance begonnen; im Grundriss San Lorenzo ver-
gleichbar, fiel Brunelleschis letztes, dreieinhalb Jahrzehnte nach
seinem Tod fertiggestelltes Projekt durch die Ausgewogenheit

der (auf das Grundrissmaß der Vierung zurückgehenden) Proportionen und die kunstvolle Belichtung besonders einheitlich und geschlossen aus.

Für den Betrachter des 21. Jahrhunderts vollzogen sich damit ästhetische Revolutionen. Dass sie Neuland betraten und zu neuen Ufern des künstlerischen Ausdrucks aufbrachen, dessen waren sich auch die Schöpfer dieser Werke bewusst. Dagegen blieb das Echo, das dieser Umschwung außerhalb der Künstlerkreise selbst, unter den Intellektuellen und in der Öffentlichkeit fand, eher schwach. Dafür, dass die künstlerische Innovation nicht im Zentrum der zeitgenössischen Aufmerksamkeit stand, spricht auch die Tatsache, dass sich die Auftraggeber konservativer und innovativer Kunstwerke nicht nach Herkunft, Beruf oder gar politischer Einstellung unterscheiden lassen. Masaccios atemberaubend neuartige Fresken in der Brancacci-Kapelle von Santa Maria del Carmine wurden von einem Patrizier in Auftrag gegeben, der der Albizzipartei angehörte und sich geschäftlich wie politisch konservativer zeigte als Cosimo de' Medici, der Jahre später das Kloster San Marco mit stilistisch weitaus traditionelleren Wandbildern des frommen Maler-Mönchs Fra Angelico ausstatten ließ.

Dass Cosimo, der politische Drahtzieher hinter den Kulissen, in seinem persönlichen Geschmack nicht festgelegt war, sondern wie sein Sohn und sein Enkel verschiedene Künstler und Stilrichtungen förderte, spiegelt wider, wie groß der Bedarf des Hauses an wirkungsvoller Propaganda war und wie vielfältig sich die in diesem Zusammenhang finanzierten Vorhaben gestalteten. Ganz Florenz wusste, wer die Medici waren: eine Familie mit mittelmäßiger Tradition und lange Zeit sehr schlechter Reputation, die auf dem anrüchigen Weg des Geldverleihs so reich geworden war, dass sie sich die Macht in ihrer Heimatstadt kaufen konnte. Für diese Herrschaft hatte sie nach landläufiger Einschätzung keinerlei Legitimation, im Gegenteil: Alles roch nach Usurpation, nach frecher Aneignung fremder Kompetenzen. Dieses Bild der Familie musste um jeden Preis ins Positive gewendet und damit eine völlig neue Identität ihrer Mitglieder erfunden werden. Dieses Image sollte zudem eingängig, nach-

Der Palazzo Medici, nach den
späteren Besitzern Medici-
Riccardi genannt, 1440–1460
von Michelozzo di
Bartolomeo erbaut

vollziehbar, überzeugungsmächtig und nachhaltig zugleich aus-
fallen. Die beauftragten Künstler mussten die Medici daher als
Fortsetzer und Vollender der florentinischen Geschichte, also
als fromm und pietätvoll, doch auch als kraftvolle Herrscher,
also dynamisch und unerschrocken, und zugleich als Sachwalter
der kleinen Leute und als Mäzene von Kunst und Kultur zeigen.

Entsprechend facettenreich fiel das «Kultursponsoring» Cosimos nach 1434 aus. Er ließ das Dominikanerkloster San
Marco mit enormen Kosten neu erbauen und einrichten, unter
anderem mit einer einzigartigen Bibliothek. Fra Angelicos Fresken verliehen den Andachtsräumen dieses Medici-Hausklosters
einen ebenso frommen wie meditativen Charakter. Ab 1440
errichtete Michelozzo di Bartolomeo den neuen Palast der
Medici an der Via larga, der mit seiner rustizierten Fassade und
der Eleganz seiner Fenster Macht, Vornehmheit und kulturelle

Benozzo Gozzoli, Zug der Heiligen Drei Könige, Fresko in der Kapelle des Palazzo Medici, 1459/60

Verfeinerung des Hausherrn abbildete und durch seine Dimensionen dem Palazzo della Signoria Konkurrenz machte.

Sehr aufwendig gestalteten sich überdies Kirchenbauten in der Umgebung von Florenz und selbst in Jerusalem; an ihnen allen prangte das Medici-Wappen mit den charakteristischen Kugeln, den *palle*, und führte damit vor Augen, wer diese segensreichen Einrichtungen in Auftrag gegeben und finanziert hatte. Dazu kamen Fresken, die Cosimo als Retter vor der Sintflut (Chiostro Verde, Santa Maria Novella) und als sternenkundigen Magier im Gefolge der Heiligen Drei Könige (San Marco) zeigten. Die von Benozzo Gozzoli ebenfalls noch zu Cosimos Lebzeiten mit Fresken geschmückte Kapelle des Medici-Palastes präsentierte die ganze Familie als Gastgeber des griechischen Kaisers und seiner Prälaten, die 1439 auf dem Konzil von Florenz die kurzlebige Union mit dem Papsttum vollzogen.

Doch das war nur die eine Identität der Erwählten Sippe in diesem Bild. Ihr jüngstes Mitglied, Cosimos Enkel Lorenzo, trat nicht nur zusammen mit seinem Vater und Großvater an der Spitze des Ehrengeleits, sondern auch als einer der drei Könige aus dem Morgenland auf, die dem Christuskind ihre Reverenz erwiesen. Bilder wie diese sollten den Florentinern vor Augen führen, dass die Medici ihre Mitbürger und zugleich Werkzeuge der Vorsehung waren und als solche den Willen Gottes ausführten.

Cosimo de' Medici gab nicht nur Malern und Architekten Aufträge, sondern förderte auch Philosophen und Literaten. Diese Patronage kam ebenfalls traditionellen und innovativen Strömungen zugute, zum Beispiel dem 1321 gegründeten «Studium generale», der Universität Florenz, an der die Aristoteles-Studien florierten. Auf der anderen Seite schenkte Cosimo Marsilio Ficino, dem Gründer der «Platonischen Akademie», eines lockeren Gesprächskreises von Intellektuellen und Patriziern, ein Haus und finanzierte seine Übersetzung der Werke Platons ins Lateinische. Doch auch die Bettelorden und karitative Einrichtungen wie das Waisenhaus durften auf die Unterstützung des großen Bankiers zählen; diese guten Werke wurden in einem gesonderten Konto mit Gott verrechnet, das Cosimos Enkel Lorenzo als ausgeglichen erachtete und schloss.

Lorenzo selbst ließ nach seiner erfolgreichen Friedensmission in Neapel von Domenico Ghirlandaio im Stadtpalast ein Fresko malen, das einige der bekanntesten Helden der römischen Republik zeigt, doch in Wirklichkeit den Patriotismus und Opfermut des Auftraggebers selbst verherrlicht. Auch Lorenzo förderte Humanisten, Theologen, Professoren der Universität Pisa und Florenz sowie Literaten, ohne dabei groß nach Richtungen, Stilformen und Weltbildern zu unterscheiden. Diese «Gießkannen-Patronage» hebt sich auffallend von seiner markanten literarischen Eigenproduktion ab, die stark von Ficinos neoplatonischer Ästhetik beeinflusst war. Doch persönliche Vorlieben und öffentliche Aufgaben waren auch hier zwei Seiten einer Medaille: Als «erster Mann der Republik» war es sich der Chef des Hauses Medici schuldig, Wissenschaften und Künste aller repräsentativen Strömungen zu unterstützen. Lorenzos persönliche Sammler-Vorliebe galt den Kleinbronzen Bertoldos di Giovanni, der zugleich als Talentsucher tätig war und in dieser Funktion auf den jungen Michelangelo Buonarroti aufmerksam wurde, der als vielversprechender Nachwuchs-Bildhauer in die Dienerschaft der Medici aufgenommen wurde. Leonardo da Vinci hingegen fand im Florenz der Medici keine dauerhafte Anstellung, sondern verdingte sich als Ingenieur und Fest-Arrangeur beim Herzog von Mailand. «Porträtiert wie von Leonardo da Vinci» wurde zwar am Arno sprichwörtlich für die Qualitäten eines Bildnisses, doch blieb das Verhältnis des reizbaren und im Umgang spröden Meisters zu seiner Vaterstadt überwiegend distanziert und gespannt – dass Leonardos Hauptwerk für Florenz, sein Wandgemälde der Schlacht von Anghiari, schnell verblasste und schließlich verschwand, ist dafür symptomatisch. Insgesamt blieben die führenden Maler und Bildhauer von Florenz unter der Vorherrschaft der Medici gehobene Handwerker. Der große Bildhauer Donatello wollte es auch gar nicht anders. Sein Biograph, der Buchhändler Vespasiano da Bisticci, berichtet, dass er die Purpurgewänder, die ihm Cosimo de' Medici schenkte, aus Furcht, sich lächerlich zu machen, nicht trug.

Insgesamt sah Lorenzo der Prächtige seinen Vorteil und seine Aufgabe gleichermaßen darin, andere unter seiner weisen Planung und kundigen Aufsicht bauen, meißeln und malen zu lassen. Diese Position des «Übermäzens» entsprach voll und ganz der Rolle, die in den Auftragskunstwerken aller Familienzweige gezeichnet wurde: Die Medici führen Florenz in ein neues Goldenes Zeitalter des Friedens, der Schönheit und der inneren Harmonie. Solche Botschaften sandte auch Botticellis Meisterwerk der «Primavera» aus, mit dem Pierfrancesco de' Medici seine Wohnung schmückte. Er entstammte der jüngeren Linie, die auf Cosimos Bruder Lorenzo zurückging und sich gegenüber dem Hauptzweig zurückgesetzt und oft genug sogar in den Schatten gestellt fühlte. In der mythologischen Frühlingsszene des Gemäldes erscheinen Medicifarben und -symbole als Heilszeichen für Florenz – ein Ruhm, von dem auch die weniger prominenten Mitglieder der Sippe zu profitieren versuchten.

Solche Aussagen waren für Vertreter des Mittelstands wie Luca Landucci unangemessen und unannehmbar. Sein über mehr als sechzig Jahre geführtes Tagebuch verzeichnet neben den Ereignissen des Alltags und familiären Begebenheiten überwiegend Gewalttaten, Epidemien, Hungersnöte und weitere Kriegsfolgen. Die goldene Ära der Eintracht und des Wohlstands, die die Medici ihren Mitbürgern verhießen, zeichnete sich nicht einmal am Horizont ab. Dort türmten sich stattdessen weitere Vorzeichen drohender Konflikte und Umwälzungen auf. Trotzdem war der scharfsichtige Gewürzhändler Landucci nicht blind für die großen künstlerischen Unternehmungen und Hervorbringungen seiner Zeit. Er verzeichnete sie mit Interesse und Stolz auf seine Heimatstadt, die so große Künstler hervorbrachte. Er nahm darüber hinaus Anteil an den Debatten über Schönheit, Gerechtigkeit und die prägenden Kräfte der Geschichte, aber auf seine Weise und mit eigenem Urteil. Dieses Interesse der kleinen Leute an der Kultur der Elite und den von ihnen in Auftrag gegebenen Kunstwerken wurde von den Zeitgenossen vielfach vermerkt und von Fremden als ein unverwechselbares Merkmal der Stadt bestaunt: In den Läden und Werkstätten sind die Statuen eines Donatello und später Michelangelo das Tagesgespräch! Doch ob die Auftraggeber all dieser Wunderwerke die Propagandaziele, die sie mit ihren Investitionen in Kunstwerke verfolgten, erreichten, bleibt mehr als zweifelhaft. Der lebenskluge und skeptische Kleinbürger Landucci zeigte sich jedenfalls vom heiligmäßigen Florentiner Erzbischof Antonino stärker beeindruckt als durch alle Bauten, Statuen und Bilder der Renaissance.

Damit spiegelt Landucci das Klima der «Renaissancestadt» Florenz adäquat wider. Eine «Wiedergeburt» gab es nur für die Reichen. Sie vollzog sich nicht nur in ihren Bildern, sondern auch in ihren Häusern und manchmal auch in ihren Vorstellungswelten. Auch in der sozialen und politischen Realität konnten die führenden Kreise zufrieden sein. Trotz aller Krisen und Spannungen hatten ihnen die Medici mehr Sicherheiten und Lebensqualität geboten als je zuvor. Gewiss, das oberste Gebot dieser neuen Ordnung lautete: Du sollst die Medici, die

Der Palazzo Strozzi

ersten Männer von Florenz, nicht herausfordern! Doch wenn
man wie die Rucellai, Strozzi und andere Patrizier die Baupläne
für neue, aufwendige Stadtpaläste Lorenzo dem Prächtigen zur
Genehmigung vorlegte, schützte man diese Projekte vor dem
Vorwurf unlauteren Wettbewerbs und konnte so den Wohnsitz
der Medici übertrumpfen, ohne negative Konsequenzen be-
fürchten zu müssen. Besonders eindrucksvoll gelang das dem
reichen Patrizier Filippo Strozzi. Sein 1489 von Benedetto da
Maiano begonnener und von Cronaca weitergebauter Palast
fiel um einiges wuchtiger aus als die Residenz der Medici und
zeigt so trotz aller Billigung durch deren Chef eine Konkurrenz
an, die auch politisch immer wieder aufbrechen sollte.

Untereinander rivalisierten die führenden Geschlechter intensiver denn je. Dabei ging es darum, sich den Medici anzudienen, Konkurrenten zu übertrumpfen und sich dadurch im innersten Kreis der Macht zu positionieren. Mit den Plätzen zwei und folgende innerhalb der Sozialpyramide wurden zugleich die Ausgangspositionen für den keineswegs undenkbaren Fall ausgehandelt, dass die Medici ihre Stellung als inoffizielle Stadtherren von Florenz verlieren sollten.

Auf diese Weise war eine äußerst intensive Nachfrage nach Kunst und Kultur geschaffen. Die *primi* grenzten sich in ihrem Lebensstil, durch ihre Wohnsitze und deren Ausstattung, durch Kleidung, Dienerschaft, Feste und Bildung immer stärker vom Rest der florentinischen Gesellschaft ab. Diese Entwicklung lässt es zusammen mit dem intensivierten Einsatz von Propagandamedien und der Ausbildung des Hofes in den fürstlichen Zentren Italiens überhaupt erst berechtigt erscheinen, von einer Epoche der Renaissance am Beginn der Neuzeit zu sprechen. Das private wie das öffentliche Leben der Florentiner Oberschicht wurde immer stärker inszeniert, ja, geradezu als Kunstwerk im Alltag zelebriert. Dadurch gewann die von den Medici gehegte Elite ein Sozialprestige, das sie gegen alle Anklagen und Angriffe von unten schützen sollte: Wir sind für alle sichtbar höhere, klügere, einsichtigere, feinere Menschen als ihr und daher zur Führung von Staat und Gesellschaft vorherbestimmt! Die großformatigen Fresken, mit denen Ghirlandaio die Kapelle der Tornabuoni in Santa Maria Novella ausschmückte, zeigen diesen Anspruch mit aller Deutlichkeit. Die Szenen aus dem Leben Marias und Johannes des Täufers sind in die noblen Interieurs florentinischer Paläste verlegt worden – eine edel gewandete Jeunesse dorée durfte sich in diesen eleganten Bildern selbst bewundern.

Die Konkurrenz innerhalb dieser Gruppe wurde mit vollem Medieneinsatz ausgetragen. Wer hat den vornehmeren Palast, die stilvollere Grablege, die prächtigere Villa, wer wird von den anmutigeren Versen gepriesen, wem widmen renommierte Philosophen ihre Werke? So bestand die spezifische Atmosphäre von Florenz am Ende des 15. Jahrhunderts aus intellektueller

Neugier und moralischem Pessimismus, künstlerischer Experimentierfreude und Zukunftsangst, Aufbruch in neue Ideenwelten und praktischem Konservatismus, schönem Schein und scharfsinniger Demaskierung. Diesen Zeitgeist haben die Medici – ob man sie nun als Heilsbringer, Tyrannen oder nüchtern als Parteiführer betrachtet – zugleich mitgeprägt und lebendig verkörpert.

5. Die Stadt der Umwälzungen (1494–1569)

Die breite Republik

Anfang der 1490er Jahre zählte Florenz wieder 70 000 Einwohner. Die Wollproduktion, die tragende Achse der florentinischen Wirtschaft, erreichte weniger als ein Drittel der vor 1343 erzielten Höchstwerte, behauptete sich aber immerhin seit einigen Jahrzehnten auf diesem Niveau. Die Zahl der Textilbetriebe erreichte sogar neunzig Prozent des Rekordbestands vom Anfang des 14. Jahrhunderts, allerdings war das durchschnittliche Volumen pro *bottega* entsprechend geringer. Das war kein Goldenes Zeitalter, sondern eher ein silbernes oder sogar bronzenes, doch sehen lassen konnte sich diese Bilanz von sechs Jahrzehnten der Medici-Herrschaft trotzdem.

Die Medici-Herrschaft ging im November 1494 denn auch nicht wegen einer Wirtschaftskrise, sondern als Folge des französischen Kriegszugs zur Eroberung Neapels zu Ende. Florenz verhielt sich in dieser kritischen Situation unklugerweise neutral. König Karl VIII. von Frankreich legte diese Neutralität als feindliche Haltung aus und zog mit einer Armee von 40 000 Mann in Richtung Florenz. Letzte Versuche Pieros, den Monarchen umzustimmen, schlugen fehl und kosteten die Stadt Schlüsselfestungen. Das war der Tropfen, der das Fass zum Überlaufen brachte. Piero und seine engsten Angehörigen mussten ihre Heimatstadt verlassen und ins Exil gehen. Dort fanden sie bei Kardinal Giovanni de' Medici in Rom einen neuen Stützpunkt.

Florenz überstand den Durchzug des französischen Heeres weitgehend unbeschadet. Dass die in schutzlosen Städten üblichen Plünderungen und Gewaltorgien ausblieben, schrieben viele Florentiner dem Wirken Girolamo Savonarolas, des Priors von San Marco, zu. Savonarola war 1490 von den Medici auf diese einflussreiche Position in ihrem Hauskloster berufen worden, nachdem er sich in ganz Italien als wortmächtiger Bußprediger einen Namen gemacht hatte. In seinen aufrüttelnden Predigten verkündete er das nahe bevorstehende Weltenende und rief die Lebenden auf, schleunigst Buße für ihre Missetaten zu tun, um den drohenden Höllenqualen im letzten Augenblick zu entgehen. Dabei konzentrierte sich die Kritik des asketischen Mönchs auf die Reichen und Mächtigen, die schamlos der Wollust und dem Personenkult frönten; zu diesem Zweck ließen sie in Kirchen, die wie Bordelle vor Luxus strotzten, sittenlose Bilder malen, die nicht Gott, sondern ihnen selbst die Ehre gaben.

Die Mahnungen und Warnungen Savonarolas sparten anfänglich die Medici aus, doch geriet mit der Zeit auch die führende Familie von Florenz ins Visier des Predigers. Im krisenhaften Winter 1494/95 wurde der Prior von San Marco zum geistlichen und moralischen Orakel von Florenz, dem er jetzt seine wahre Mission enthüllte: Gott, so Savonarola, habe ihn zu seinem Propheten bestimmt; seine Botschaften lasse er ihm durch die Engel zukommen. Diese Aufgabe sei ihm durch Visionen zuteil geworden, in denen er den himmlischen Hofstaat durchmessen und von der Gottesmutter selbst Weisungen empfangen habe. In seinem unermesslichen Erbarmen habe der Herr Florenz dazu auserkoren, die Welt im wahren Glauben zu einen. Danach werde Christus auf die Erde zurückkehren und mit seinen Auserwählten tausend selige Jahre des Friedens und der Harmonie auf Erden verbringen. Erst nach diesem Millennium werde der Teufel endgültig niedergerungen, und die Geschichte werde mit dem Jüngsten Gericht ihr Ende finden.

Florenz sollte sich, so Savonarola weiter, seiner Sündhaftigkeit bewusst werden, seine Verfehlungen bereuen, seine Schuld bekennen, Buße tun und dann innerlich gestählt tatkräftig zur geistlichen und politischen Reform schreiten. So werde die

geistliche Glaubensgemeinschaft mit der Bürgergemeinde ver-
schmelzen und ein wahrhaft gottgefälliges Gemeinwesen ent-
stehen, das der Himmel vor allen anderen Städten auszeichnen
werde. Mit diesen kühnen Prophezeiungen knüpfte Savonarola
an den alten Stadtmythos an und verlieh Florenz in einer Zeit
der Verunsicherung neues Selbstbewusstsein. Auf seine informelle, durch kein politisches Amt gestützte Autorität ist der
einschneidende Verfassungswandel zurückzuführen, den die
Republik in diesen Wendemonaten vollzog. Savonarola durch-
kreuzte damit die Absicht der *primi,* nahtlos an die politischen
Zustände vor 1434 anzuknüpfen und so ihre Vorherrschaft wie-
derherzustellen. Stattdessen mussten die großen Familien hinnehmen, dass der Mittelstand, für Savonarola der moralisch
gesündeste Teil des politischen Körpers von Florenz, gleichberechtigt an ihre Seite trat. Basisorgan des jetzt eingerichteten
governo largo, der «breiten Regierung», wurde der Große Rat,
in dem theoretisch bis zu dreitausend Personen, Patrizier wie
Handwerker, Seite an Seite Sitz und Stimme hatten. Von jetzt an
reichte es aus, Mitglied einer anerkannten Zunft zu sein, Orts-
ansässigkeit seit drei Generationen nachzuweisen und keine
Steuerschulden zu haben, um für die Führungspositionen der
Republik in Frage zu kommen. In diesem neuen Gemeinwesen
wirkte Savonarola durch die Macht seiner Predigten und das
politische Gewicht seiner Anhänger; eine Theokratie wurde
Florenz jedoch nicht. So befürwortete der strenge Reformator
von Florenz vergeblich die Todesstrafe für die «Sünde» der
Homosexualität; verbrannt wurden nicht lebende Menschen,
sondern Requisiten der Eitelkeit wie Perücken, teure Kleider
und andere Luxusobjekte.

Als Folge der Erneuerung würde Florenz – so Savonarola in
seinen wirkungsvollsten Predigten – die innere Spaltung über-
winden und endlich zur Versöhnung zwischen den Schichten,
Familien und Individuen gelangen, die von Anbeginn der Kommune an verheißen, doch nie erreicht worden war. Diese Botschaft fiel auch bei vielen Patriziern auf fruchtbaren Boden, die
von Savonarolas Unbestechlichkeit und strenger Lebensführung
beeindruckt waren. Auch der Maler Botticelli geriet in den Bann

Sandro Botticelli, Mystische
Geburt Christi, um 1500,
National Gallery London

dieser Verkündigung. Sein Bild der mystischen Geburt Christi
zeigt aufgespießte Teufel und Engel, die sich umarmen: Durch
den Frieden des Menschen mit Gott bricht der Friede auf Erden
an. Savonarolas Prestige ging allerdings schnell verloren, als die
innere Eintracht nicht nur ausblieb, sondern sich die Spaltung
zwischen den rivalisierenden Clans, den *primi* und dem Mittelstand sowie seinen Anhängern und Gegnern unaufhörlich
vertiefte.

Dazu kamen äußere Misserfolge, ja sogar Blamagen. So erwies sich das von Florenz in Dienst gestellte Söldnerheer als un-
fähig, die 1494 abgefallene Stadt Pisa zurückzuerobern. Dadurch wurde nicht nur die Stellung der Republik gegenüber
ihren Untertanen und Konkurrenten, sondern auch ihr Wirtschaftsleben empfindlich geschädigt. Savonarolas eigene Reputation nahm irreparablen Schaden, als seine politischen Prophe-

zeiungen von den tatsächlichen Ereignissen widerlegt wurden. Der Prior von San Marco hatte der Stadt die entscheidende Hilfe zur Erfüllung ihrer Mission aus Frankreich versprochen, doch diese blieb aus. Die wachsende Kluft zwischen seinen Prophezeiungen und der politischen Realität setzte Savonarola nicht nur unter steigenden Erfolgsdruck, sondern auch unter Erklärungszwänge. Seine Rechtfertigung, dass die Botschaften der Engel nicht leicht in Menschensprache übertragbar und kleinere Unstimmigkeiten daher unvermeidlich seien, machte es nicht besser.

Als sich der asketische Prior von San Marco dann auch noch mit Papst Alexander VI. Borgia anlegte, der seinen ganzen Pontifikat der politischen Erhöhung seiner Familie untergeordnet hatte, besiegelte er sein Schicksal. Dem skrupellosen Machtmenschen auf dem Thron Petri war der Mönch, der in den Augen vieler Florentiner zum reinen Parteiführer abgesunken war, nicht gewachsen. Am 23. Mai 1498 wurde er auf dem Platz vor dem Stadtpalast hingerichtet.

Obwohl das *governo largo* seinen spirituellen Übervater verloren hatte, brach es nicht zusammen, sondern festigte sich durch neue Institutionen. Ab 1502 amtierte ein Staatsoberhaupt auf Lebenszeit. Diese Schlüsselposition bekleidete mit Piero Soderini ein besonders flexibler Patrizier, der sich in einem turbulenten Wahlkampf durch geschickte Vermittlung zwischen den Netzwerken und durch Zugeständnisse gegenüber dem Mittelstand durchgesetzt hatte. Die einflussreiche Familie Salviati nebst Anhang hatte sich Soderini allerdings zum Feind gemacht. Zudem musste sich die Republik der Rückeroberungsversuche der Medici und ihrer mächtigen Verbündeten erwehren. Noch bedrohlicher trat Cesare Borgia auf, der Sohn Alexanders VI., der mit der Rückendeckung seines Vaters die Romagna als erbliches Fürstentum eroberte und Florenz militärisch erpresste. Im Inneren wurde der Ausgleich zwischen den *primi* und den Vertretern des Mittelstands immer schwieriger; neue Steuern wurden durch die Mehrheit der Handwerker und Ladenbesitzer im Großen Rat regelmäßig blockiert.

In diesen düsteren Zeiten erhielt Florenz ein neues Staatskunstwerk, das den Bürgern Mut und Zuversicht einflößen

Michelangelos «David» in der
Galleria dell'Accademia

sollte. Der 29-jährige Starbildhauer Michelangelo Buonarroti
schuf aus einem beschädigten Marmorblock die grandiose Sta-
tue des jungen Hirten David, der sich mit höchster Tatkraft und
Intelligenz anschickt, den Riesen Goliath zu besiegen und nach
Gottes Willen zum König der Juden aufzusteigen. In diesem
herrlichen Helden-Jüngling sollten sich die verzagten Florentiner
also wiedererkennen; an seiner Tapferkeit, Entschlossenheit und
Schicksalsgläubigkeit hatten sie sich ein Beispiel zu nehmen.
Michelangelos monumentales Standbild wurde 1504 vor dem
Palazzo della Signoria aufgestellt und verdrängte als offizielles
Symbol der Republik Donatellos Bronzestatue der Judith, die
dem Tyrannen Holofernes den Kopf abschnitt. Eine Frau, die
einen Feldherrn tötete, war in den Augen der Florentiner Politiker ein Stück verkehrte Welt und daher ein unheilvolles Omen.

Die gravierenden Mängel der Republik Florenz listete niemand so lückenlos auf wie der Chef ihrer zweiten, überwiegend

für die Außenpolitik zuständigen Kanzlei namens Niccolò Machiavelli. Dieser Spross eines verarmten und verachteten Zweiges
einer Patrizierfamilie machte sich durch den Scharfsinn und die
psychologische Stringenz der Berichte, die er über seine zahlreichen diplomatischen Missionen in Italien, Deutschland und
Frankreich verfasste, einen Namen. Die Kritik, die sich Machiavelli als Diplomat zweiter Klasse darin an seinen Auftraggebern
in der Stadtregierung und in den *Dieci di Balìa*, dem Florentiner
Außenministerium, erlaubte, stieß allerdings auf wenig Gegenliebe, ebenso wenig wie seine Neigung, den Spitzenpolitikern unaufgefordert Ratschläge für ein entschlosseneres Auftreten zu erteilen. Aber in einem wichtigen Punkt fand der wortgewandte
Kritiker Machiavelli Gehör: Die politisch Verantwortlichen waren bereit, die von ihm vorgeschlagene Milizarmee aufzustellen,
allerdings nicht nach altrömischem Vorbild aus mündigen Stadtbürgern, sondern aus Bauernsöhnen des ländlichen Untertanengebiets. Mit diesen Rekruten exerzierte der schmächtige Intellektuelle Machiavelli nicht nur eifrig, für sie entwarf er auch Dienstreglemente und sogar die Uniformen. Und im Juni 1509 feierte er
mit dieser Truppe, die er in den Dörfern des Val di Chiana und
anderen Randregionen ausgehoben hatte, sogar einen unerwarteten Triumph: Das nach langer Belagerung wirtschaftlich erschöpfte Pisa kapitulierte endlich, nicht ohne vorher akzeptable Übergabebedingungen auszuhandeln, die der Hafenstadt unter florentinischer
Oberhoheit eine weitreichende Selbstverwaltung garantierten.

Die «Eroberung» Pisas war der letzte Erfolg Machiavellis
und seiner Republik. Alle hektischen Aktivitäten des Diplomaten
und seiner Regierung konnten nicht verhindern, dass sich die
Schlinge um das *governo largo* immer enger zog. Die Medici
unter Kardinal Giovanni, der nach dem Tod seines älteren Bruders Piero 1503 an die Spitze des Hauses getreten war, bereiteten
immer energischer die Rückkehr an die Spitze ihrer Heimatstadt
vor. Dabei konnten sie auf die Dienste todesmutiger Anhänger
sowie auf die weiterhin sprudelnden Profite der Medici-Bank
zählen. Diese wurde unter Deckadressen von zuverlässigen
Treuhändern weitergeführt und verschaffte den Rückeroberungsstrategien die nötige finanzielle Basis. So war es kein Wun

der, dass immer mehr Patrizier mit der Rückkehr der Medici liebäugelten. Wo immer auch Machiavelli um Rückendeckung für die Republik nachsuchte, sei es an italienischen Fürstenhöfen, beim Papst oder in Frankreich, war die «Gegendiplomatie» der Medici ebenfalls aktiv, und zwar nicht selten erfolgreicher. Auf diese Weise erschien eine zweite Machteroberung der Medici nicht wenigen florentinischen Patriziern als eine lockende Alternative zur inneren und äußeren Dauermisere des *governo largo*, in dem ihnen Handwerker und Ladenbesitzer immer aufmüpfiger gegenübertraten.

Die «breite Regierung» wurde jedoch nicht von innen, sondern infolge außenpolitischer Verwicklungen gestürzt. Florenz geriet ab 1509 in den Sog des Konflikts zwischen dem französischen König Ludwig XII. und Papst Julius II., der sich schnell zu einem regelrechten Verdrängungskampf zuspitzte. Der König berief ein Konzil ein, das den Pontifex maximus absetzen sollte. Dieser ergriff postwendend extreme Gegenmaßnahmen. Florenz erklärte sich notgedrungen bereit, seinem französischen Verbündeten Pisa als Austragungsort der Kirchenversammlung zur Verfügung zu stellen, die der Papst für ketzerisch erklärte – und hatte als weinender Dritter am Ende die Zeche dafür zu bezahlen. Papst Julius II. verbündete sich mit Spanien, das 1503 das Königreich Neapel erobert hatte, und ließ auf Drängen des Kardinals Giovanni de' Medici eine spanisch-päpstliche Armee gegen Florenz ziehen. Nach der blutigen Plünderung Pratos im August 1512 kapitulierte das Staatsoberhaupt Piero Soderini und ging ins Exil. Nach kurzem Zögern schaffte der Kardinal den Großen Rat ab und führte die vor 1494 üblichen Institutionen, Verfahren und Machtverhältnisse wieder ein. Die Hardliner unter den Medici-Anhängern setzten sich damit durch; sie forderten kategorisch den Lohn für ihre treuen Dienste.

Auf dem Weg zum Fürstentum

Im Spätsommer 1512 begann eine spannungsreiche Zwischenzeit, in der sich die alten politischen Lösungen aus den Tagen Lorenzos des Prächtigen als immer weniger zeitgemäß erwiesen.

Das hatte mit der grundlegend gewandelten Position der Medici zu tun, die in vieler Hinsicht über ihre Heimatstadt hinauswuchsen. Am 11. März 1513 wurde Kardinal Giovanni de' Medici zum Papst gewählt und regierte bis zu seinem frühen Tod am 1. Dezember 1521 unter den Namen Leo X. nicht nur Rom, sondern durch seine Stellvertreter auch Florenz. In diesen knapp neun Jahren sank die stolze Stadt am Arno also zu einer Art Kolonie des verhassten Rom ab – eine unerträgliche Demütigung für Patrizier und Handwerker gleichermaßen, vom unersättlichen Geldbedarf des Papstes ganz zu schweigen, der Florenz hohe Zusatzsteuern auferlegte. Für Machiavelli hatte der Machtwechsel noch viel schlimmere Folgen. Er verlor unter demütigenden Umständen im November 1512 sein Amt. Kurz darauf wurde er sogar verdächtigt, an einer Verschwörung gegen die Medici beteiligt gewesen zu sein, und eingekerkert. Auch nach seiner Freilassung stand der ehemalige Zweite Kanzler unter Beobachtung und wurde vom politischen Leben ferngehalten. Er hatte also reichlich Zeit, die Erfahrungen und Schlussfolgerungen, die er verstreut in vielen Gesandtschaftsberichten festgehalten hatte, zu sammeln und mit mancherlei Zuspitzungen und praktischen Nutzanwendungen versehen in politischen Traktaten zusammenzufassen.

So kündigte er in einem Brief vom 10. Dezember 1513 an seinen patrizischen Freund, Helfer und langjährigen Korrespondenzpartner Francesco Vettori den «Principe», das (später überarbeitete) Buch vom Fürsten, an, dem im Lauf eines guten Jahrzehnts die Diskurse über Titus Livius, die Abhandlung über die Kriegskunst, die Geschichte von Florenz sowie drei Komödien mit beißendem Spott über die gute Gesellschaft und ihre verlogene Moral folgten. In diesen Hauptwerken formulierte Machiavelli als erster das Prinzip der *ragione di stato*: Der Staat muss sich von den Regeln der traditionellen Moral völlig freimachen und darf sich mit allen Mitteln stärken, auch den gewaltsamsten, etwa mit willkürlichen politischen Prozessen, der Liquidierung feindlicher Eliten und sogar durch die Deportation ganzer Völkerschaften. Der erfolgreiche Fürst, der den Übergang in die überlegene Staatsform der Republik gewährleisten soll, muss Fuchs und Löwe, schlau und gewaltbereit, zugleich sein, täuschen und betrügen können, Frömmigkeit vorspiegeln, ohne an die herrschende Staatsreligion selbst zu glauben, und auf diese Weise seine Untertanen zu pflichtbewussten Staatsbürgern erziehen. Die Republik schließlich muss auf den ewigen Erfolgsregeln des alten Rom beruhen, das mit seinen Bürger-Legionen die Welt eroberte. Mit solchen Ideen wurde Machiavelli in der gelenkten Republik der Medici vollends zum Außenseiter. Als Außenseiter fühlten sich zunehmend auch die Patrizier, denn die Medici regierten immer misstrauischer in immer engeren Kreisen; von einer breiten Teilhabe der Führungsschicht konnte kaum noch die Rede sein. Zugleich wurde die personelle Basis des Hauses schmaler. Giuliano, der drittgeborene Sohn Lorenzos des Prächtigen, starb 1516, Lorenzo der Jüngere, der Sohn Pieros, folgte ihm schon drei Jahre später ins Grab, noch keine dreißig Jahre alt. Diese Grabstätten ließ Kardinal Giulio, der unehelich geborene, doch später legitimierte Sohn des 1478 ermordeten Giuliano, durch Michelangelo in der Neuen Sakristei bei der alten Medici-Kirche San Lorenzo errichten. Der große Bildhauer, Maler und Architekt war ein glühender Republikaner und Anhänger Savonarolas. Daher gestaltete er die letzte Ruhestätte der Medici äußerst eigenwillig. Die Statuen auf den Sarkophagen Giulianos und Lorenzos des Jüngeren sind keine Porträts, ja, sie spiegeln nicht einmal die Wesenszüge der Verstorbenen wider, sondern vertauschen diese geradezu: Der nachdenkliche und melancholische Giuliano erhielt die Statue eines energiegeladenen Feldherrn, der machtbewusste Lorenzo das Standbild eines gedankenverlorenen Grüblers. So konnte man die Grabkapelle der Medici als ironischen Abgesang auf ihre Machtstellung verstehen.

Diese Entwicklung begann schon bald. Im November 1523 wurde mit Giulio de' Medici das zweite Mitglied der Familie zum Papst gewählt. Doch den damit verbundenen Regierungsaufgaben erwies sich der zögerliche und ängstliche Vetter Leos X., der sich Clemens VII. nannte, in keiner Weise gewachsen. Seine chaotische Schaukelpolitik zwischen Frankreich und Spanien hatte im Mai 1527 den Sacco di Roma zur Folge; die Ewige

Das von Michelangelo
geschaffene Grabmal des
Giuliano de' Medici in der
Neuen Sakristei bei San
Lorenzo

Stadt wurde von den Söldnern Karls V. erobert, geplündert und monatelang terrorisiert, der Papst in der Engelsburg gefangen gehalten. Als Folge der römischen Katastrophe wurden die Medici zum zweiten Mal aus Florenz vertrieben.

An die Stelle der gelenkten Republik trat nun ein neues *governo largo* mit sehr viel radikaleren Zügen. Im Geiste Savonarolas sagten Handwerker und Ladenbesitzer den Patriziern den Kampf an. Diese wurden politisch ausgeschaltet, moralisch gebrandmarkt und nicht selten auch gerichtlich verfolgt und enteignet. Als Rechtfertigung diente das Credo «Gott will es!» des 1498 verbrannten Propheten. Im Zeichen der Endzeiterwartung proklamierte der entfesselte Mittelstand Jesus Christus zum König von Florenz und verfolgte seine inneren Gegner als Feinde Gottes und der Republik.

Dieser Gottesstaat in der Mitte Italiens war den übrigen Mächten und vor allem dem spanischen König und römisch-deutschen Kaiser Karl V., der Mailand und Süditalien be-

herrschte, ein Dorn im Auge. So rückte zum zweiten Mal in nur
17 Jahren eine spanische Armee gegen Florenz vor. Doch diesmal kapitulierte das republikanische Regime nicht kampflos.
Erst eine monatelange Belagerung zwang die ausgehungerte
Stadt im August 1530 in die Knie. Entsprechend harsch fiel die
Reaktion der Sieger aus. Im Gegensatz zu 1512 wurden die
Anführer der Mittelstandsrepublik mit aller Härte verfolgt und
vor Gericht gestellt. Nur Michelangelo Buonarroti, der Florenz
1530 als Oberaufseher der Stadtfestungen gedient hatte, durfte
mit Nachsicht rechnen, weil seine Dienste für die immer noch
unvollendete Grabkapelle der Medici bei San Lorenzo und bald
auch in Rom dringend benötigt wurden, wo Clemens VII. nach
dem Abzug der Söldner und der Versöhnung mit Karl V. wieder
fest im Sattel saß.

Das politische Schicksal von Florenz aber stand auf Messers
Schneide. Spanische Kolonie oder erneute Medici-Herrschaft
unter spanischer Vormundschaft und auf Bewährung: das waren
die wenig verlockenden Alternativen. Nach reiflicher Über-
legung setzte Karl V. 1531 Alessandro de' Medici, den Sohn
Lorenzos des Jüngeren (falls die offizielle Version des Hauses
zutrifft) und einer afrikanischen Sklavin, als Herzog der Republik Florenz ein und verheiratete ihn mit seiner unehelichen
Tochter Margaretha. Alessandro standen mit Francesco Vettori
und Francesco Guicciardini die klügsten Köpfe des Patriziats
zur Seite, doch schlug er deren Ratschläge in den Wind und
machte sich bei den *primi* äußerst unbeliebt. Schweren Anstoß
erregte er mit dem Bau der riesigen Stadtfestung *Fortezza da
basso* bei Santa Maria Novella und durch seine amourösen
Eskapaden. Seine Ermordung durch den Dolch eines gedemü-
tigten Verwandten im Januar 1537 befreite die Oberschicht von
einem Alptraum.

Damit war die Hauptlinie der Medici, die sich von Cosimo
dem Alten ableitete, erloschen. Wie sollte es weitergehen? Die
Rückkehr zur Republik war ausgeschlossen, das mussten selbst
eingefleischte Republikaner wie Francesco Guicciardini erkennen. Nach der traumatischen Erfahrung der Jahre 1527 bis
1530 war das Misstrauen zwischen *primi* und Mittelstand

unüberwindlich geworden. Eine Neuauflage des *governo largo* musste eine soziale Revolution zur Folge haben, eine Rückkehr zu den Verhältnissen vor 1434 würde am Politikhunger der kleinen Leute scheitern. Guicciardini votierte deshalb für das kleinere Übel eines Medici-Prinzipats, in dem das Patriziat das Sagen haben sollte.

Der Modellfürst

1537 hoben die *primi* unter Führung Vettoris und Guicciardinis den neuen Herzog Cosimo aus dem jüngeren Zweig der Medici in den Sattel. Doch schon bald zeigte sich, dass sich der frisch gebackene Fürst nicht von den großen Familien an die Kette legen lassen würde. Auch die Vormundschaft Karls V., der spanische Truppen in die *Fortezza da basso* gelegt hatte, konnte der neue Herrscher bald ablösen. Schon bald nach seiner Thronbesteigung besiegte er das Aufgebot der letzten Republikaner bei Montemurlo. Diplomatisch lehnte sich Cosimo eng an Spanien an und gewann dadurch neue Freiräume. 1555 eroberte er mit einem schnellen Feldzug Siena und erweiterte sein Herrschaftsgebiet mit der Genehmigung des Reichsoberhaupts um die Südtoskana.

In Florenz schloss der Herzog einen Pakt mit der alten republikanischen Elite. Sie behielt insgesamt das Monopol auf die Führungspositionen der zum Fürstentum umgewandelten Republik, doch der Herzog allein wählte die Mitglieder des neu geschaffenen Senats und der übrigen wichtigen Gremien aus. Seine Patronage wurde so zur Voraussetzung für politische Karrieren. Auf diese Weise wurden die *primi* zu Höflingen, die sich permanent um die Gunst des Fürsten bemühen mussten, wenn sie Rang und Einfluss behaupten wollten. Doch wurde auch der Herrscher selbst an seine Elite gebunden. Ohne deren Mitwirkung in Diplomatie, Verwaltung und Justiz war der neue Staat nicht funktionsfähig; und ohne die dauerhafte Präsenz der Oberschicht in der engsten Umgebung des Herzogs konnte er mit seinem Hof keinen Staat machen. So gewannen beide Seiten durch diesen Deal. Cosimo gewann neben der Patronage auf oberster Ebene und der Kontrolle über die Oberschicht die uneingeschränkte außenpolitische und militärische Handlungsfreiheit sowie die nicht minder absolute Hoheit über Propaganda und Medien. Die großen Familien bauten durch ihre Nähe zum Thron ihre soziale Führungsposition aus und waren auf Dauer vor der unliebsamen Konkurrenz unruhiger Sekundäreliten geschützt. Für die kleinen Leute gab es billiges Brot und eine milde Justiz, die sich kaum in ihre alltäglichen Angelegenheiten einmischte. Somit standen die Zeichen in Florenz nach der Mitte des 16. Jahrhunderts auf Stabilität.

Dazu trug auch Cosimos ungemein innovative Kulturpolitik bei. Durch die Gründung von Akademien band er die bildenden Künstler ebenso wie die führenden Intellektuellen an den Hof und schaltete damit ein wesentliches Unruhepotential aus. Selbst Gesinnungs-Republikaner wie der Historiker und Politiktheoretiker Benedetto Varchi wurden so in das neue System eingebunden. In diesem Milieu der akademischen Hofkünstler wurden jedoch nicht nur Kunstwerke zum höheren Ruhm des Fürsten hervorgebracht, sondern auch kulturhistorische Meilensteine gesetzt. So verfasste der produktive Maler Giorgio Vasari, der zum «PR-Berater» und Kulturminister des Herzogs aufstieg, Biographien der führenden italienischen Künstler vom 13. Jahrhundert bis zur Gegenwart und verknüpfte diese Lebensgeschichten, die in erster Auflage 1550, in erweiterter Fassung 1568 erschienen, mit einer regelrechten Kunsttheorie: Durch die schrittweise Wiederentdeckung des Altertums, die einfühlsame Förderung der Mächtigen und nicht zuletzt durch die Konkurrenz zwischen Architekten, Bildhauern und Malern haben sich die bildenden Künste von Generation zu Generation weiterentwickelt, die Antike übertroffen und in Michelangelo schließlich einen einzigartigen Gipfelpunkt erreicht. Diese im Laufe der Zeit gewonnenen Errungenschaften sind durch die Gründung von Institutionen wie Cosimos «Accademia del disegno» Gemeingut Europas und zugleich lehrbar geworden; ein Rückfall in Zeiten der Barbarei ist damit ausgeschlossen.

Für den 1511 geborenen Vasari war das Fürstentum der Medici also ein Garant für die Bewahrung einer großen Tradition und die Fortführung der florentinischen Kulturblüte. Auch Francesco Vettori, der Korrespondenzpartner Machiavellis und selbst ein origineller Historiker und politischer Denker, machte seinen Frieden mit den neuen politischen Verhältnissen. Für ihn war die Republik schon lange nicht mehr die beste Staatsform, sondern eine besonders brutale Form der Unterdrückung der Mehrheit durch eine Minderheit. Da jedes politische System auf der Ausbeutung der vielen durch die wenigen beruht, das Leben also ein dauernder Kampf um ungenügende Ressourcen ist, sind die kleinen Leute im Recht, wenn sie sich gegen die Oligarchen auflehnen. Auch in den Augen Vettoris ist die traditionelle Moral daher für die Politik untauglich. Wer nach christlichen Regeln lebt, geht in dieser heillosen Welt unter; wer dagegen Frömmigkeit nur vortäuscht und hinter dieser Fassade rücksichtslose Machtpolitik betreibt wie fast alle Päpste seit mehr als einem Jahrhundert, wird belohnt. Fazit: Das Böse triumphiert, ausgleichende Gerechtigkeit gibt es hienieden nicht, ob sie im Jenseits gewährt wird, bleibt offen. Auch eine gute Staatsform kann es deshalb nicht geben. Eine menschliche Politik besteht darin, Hungersnöte und Aufstände zu verhindern, die Ehrgeizigen so zufriedenzustellen, dass sie möglichst wenig Schaden anrichten, und auf diese Weise die Härten des menschlichen Daseins so weit wie möglich abzumildern. So lauteten die Grundsätze einer christlich anmutenden Staatsräson aus der Feder eines politischen Denkers, der Gott aus der Geschichte verabschiedet hatte. Mit seinem Modell einer humanen Machtausübung, das er in Memoranden zu Beginn der 1530er Jahre konkretisierte, lieferte Vettori den künftigen Medici-Herrschern zugleich eine Blaupause erfolgreicher Politik.

Zu völlig neuen intellektuellen Ufern brach auch Vettoris Patrizier-Kollege Francesco Guicciardini auf, und zwar gleichfalls im Zeichen eines tiefen politischen und anthropologischen Pessimismus. Vor dem Hintergrund von Schreckenserfahrungen wie dem Sacco di Roma und der radikalen florentinischen Republik ist der humanistische Optimismus, dass der Mensch durch Erziehung und Bildung zum Herrn der Geschichte bestimmt ist, hinfällig geworden. Mehr noch: die seit der Antike zum Ruhmestitel der Historiker erhobene Maxime, dass man aus der Geschichte lernen kann, ist für Guicciardini definitiv widerlegt, und zwar aus dem einfachen, aber neu entdeckten Grund, dass sich Geschichte nicht wiederholt. Geschichte ist also ein Aufbruch ins Unbekannte und damit unbeherrschbar geworden. Darin spiegelt sich die traumatische Erfahrung des praktischen Politikers Guicciardini wider, der als Chefberater Clemens' VII. dessen politische Fehlleistungen und damit den Sacco di Roma nicht verhindern konnte, dafür jedoch im Rückblick diese Irrtümer mit schneidender Schärfe diagnostizierte. Die Geschichte hat ihre Wirksamkeit für Gegenwart und Zukunft eingebüßt, doch der Historiker hat die Deutungshoheit über die Vergangenheit in ganz neuer Weise gewonnen. Wenn er unbeeinflusst von jeglicher Parteinahme die Motive der Mächtigen durchleuchtet, wird er die Kräfte erkennen, die die Welt der Politik zusammenhalten. Das waren, wie Guicciardini in seinem monumentalen Alterswerk der *Geschichte Italiens* zeigt, zügellose Machtgier, die sich hinter der Fassade von Anstand und Moral austobt, blinde Unvernunft, die sich den Anschein der Rationalität gibt, und damit eine menschliche Destruktivität, die sich in der Sphäre der Macht ungehindert entfalten kann.

Vettori starb 1539, Guicciardini im Jahr darauf; der große Querdenker und Provokateur Machiavelli hatte schon 1527 das Zeitliche gesegnet. Unter der Regierung Cosimos waren denn auch nicht solche pessimistischen Töne, sondern triumphale Verlautbarungen angesagt. Seine unbeschränkte Propagandahoheit nutzte der zweite Medici-Herzog mit souveränem Scharfblick dafür, in zahlreichen Staatskunstwerken die Geschichte umzuschreiben und sich selbst und seiner Familie eine glanzvolle Zukunft zu prophezeien. Zum Schrein der Verherrlichung hatte er mit sicherem Gespür für Symbolwirkungen den alten Kommunalpalast und speziell den Saal des Großen Rates auserkoren. Dort, wo einst die Gegner der Medici Politik gemacht hatten, prangten jetzt großflächige Fresken Vasaris und seiner Schüler, die die Medici-Monarchie als beste aller politischen Welten priesen.

Giorgio Vasari, Cosimo I. in der Glorie, Florenz, Palazzo della Signoria

Die Geschichte der Republik Florenz schrumpfte auf diese Weise zu einer Vorgeschichte der Medici-Herrschaft. In sichere Bahnen wurden die Geschicke der Stadt erst mit der Machteroberung durch die Erwählte Familie gelenkt, die als Sachwalterin der Vorsehung die Republik befriedete, zum Zentrum des Geistes und der Kunst erhob und dafür verdientermaßen mit dem Fürstentitel belohnt wurde. Das Fazit von Cosimos Propaganda lautete somit: das Fürstentum der Medici ist die Kommune in ihrer edelsten Gestalt, und wenn die Medici eines Tages aussterben sollten, muss Florenz wieder zur Republik ohne Fürsten werden.

Kurz vor dem frühen Erlöschen seiner unbändigen Tatkraft erlebte der beispiellos erfolgreiche Fürst seinen größten Triumph: Papst Pius V. erhob ihn 1569 zum Großherzog der Toskana und verlieh ihm damit eine Würde unmittelbar unterhalb der europäischen Könige. Für eine solche Rangerhöhung war nach geltendem Recht jedoch nicht der Pontifex maximus, sondern der Kaiser zuständig, der unwillig reagierte, doch Cosimos neuen Titel schließlich anerkannte. Das Wohlwollen des Papsttums hatte dieser dadurch gewonnen, dass er die auf dem Konzil von Trient erlassenen Dekrete der Katholischen Reform zum Vorteil seiner Machtausübung konsequent umsetzte. Die Kirchen von Florenz wurden von Vasari und seinen Schülern mit frommen Fresken geschmückt, in denen auch die einfachen Gläubigen die zentralen Glaubensbotschaften und moralischen Verhaltensregeln erkennen konnten. Parallel zur Disziplinierung und besseren Ausbildung des Klerus zwang Cosimo die Juden des Großherzogtums, sich in Florenz niederzulassen, wo sie in der Folgezeit ein reiches Gemeinde- und Kulturleben entfalteten.

6. Die Stadt der Erinnerung – Florenz nach der Renaissance

Die Stadt der Großherzöge

Noch als Herzog verlegte Cosimo I. seinen Wohnsitz vom Palazzo della Signoria in den Palazzo Pitti auf dem gegenüberliegenden Arnoufer, den er von der gleichnamigen Patrizierfamilie erwarb und aufwendig erweitern ließ. In den Prunksälen dieser riesigen Residenz, die sich bis heute mit Thron, Baldachin und den übrigen Insignien der Macht besichtigen lassen, hielten die Großherzöge aus der Familie Medici Hof. Mit welchem Erfolg sie dort bis 1737 regierten, ist umstritten. Ihre Nachfolger aus der Familie Habsburg-Lothringen, denen Florenz und die Toskana nach dem Willen der Großmächte nach dem Aussterben der Medici im Mannesstamm zufielen, haben das Bild von Florenz im 17. und frühen 18. Jahrhundert aus durchsichtigem Eigeninteresse schwarz in schwarz gezeichnet. Glaubt man den von ihnen beauftragten oder beeinflussten Historikern, dann stellte sich spätestens mit dem Tod von Großherzog Ferdinand I. im Jahre 1609 ein politischer, ökonomischer und kultureller Stillstand ein, der bald zur Erstarrung und am Ende zu einem

Der Artischocken-Brunnen von 1641 im Hof des Palazzo Pitti

regelrechten Dahinwelken wurde. Moralischer Verfall, Verlust des Gewerbefleißes, adeliges Parasitentum, steigender Steuerdruck, wachsende Verschuldung und äußerer Reputationsverlust – so lautete die lange vorherrschende Bestandsaufnahme.

Erst ab den 1970er Jahren hat sich dieses düstere Bild durch neue Forschungen wesentlich aufgehellt. Wirtschaftlich sank Florenz keineswegs so tief ab wie allgemein behauptet. Die alte republikanische Elite trug jetzt zwar feudaladelige Titel und investierte vermehrt in Villen und Landgüter, doch ihren alten Geschäftssinn büßte sie nicht sofort ein. Die Florentiner Textilproduktion konnte zwar nach schweren Bevölkerungsverlusten in den 1620er und 30er Jahren als Folge von Pestepidemien ihren europäischen Spitzenplatz nicht mehr verteidigen und büßte an Flexibilität und Innovationsfähigkeit ein, doch wurden diese Verluste zumindest partiell durch Behauptung in Nischensektoren und durch neue Gewerbe ausgeglichen. Auch die Finanzkraft des Großherzogtums blieb auf der Grundlage eines ausgewogenen Besteuerungssystems lange Zeit in sehr viel höherem Maße erhalten. Der Pakt zwischen den Großherzögen und dem Adel schließlich erwies sich zwei Jahrhunderte lang als tragfähig – und wurde im «Florentiner Fußball» Jahr für Jahr vor Augen geführt.

Bei diesem höfischen Spiel trafen auf dem großen Platz vor der Basilika Santa Croce zwei Mannschaften aufeinander, die sich aus der höfischen Führungsschicht rekrutierten, mit dem Großherzog selbst oder einem Stellvertreter in der Mannschaftsaufstellung. Die jüngeren Aristokraten konnten dabei ihre körperliche Gewandtheit, Tapferkeit und Wehrhaftigkeit vorführen. Darüber hinaus wurden die Partien des *calcio fiorentino* zu eindrucksvollen Propagandaveranstaltungen der Medici-Monarchie. Diese wurde im begleitenden Schaugepränge auf der Piazza di Santa Croce in lebenden Bildern und mit musikalischen Aufführungen gefeiert, doch auch im Spiel selbst verherrlicht: Unter der Führung der Großherzöge wetteiferten die Besten in fairer Konkurrenz zur Unterhaltung des Volkes und empfingen aus der Hand des weisen Herrschers den verdienten Lohn. Das Fußballspiel wurde auf diese Weise zum Sinnbild einer ausgewogenen und gerechten Gesellschaftsordnung. Das war zwar Propaganda, kam aber der Einschätzung zahlreicher Zeitgenossen recht nahe. Nach ihrem Urteil hatte Florenz unter der Herrschaft der Medici tatsächlich einen Gleichgewichtszustand erreicht, der der Stadt Frieden und Wohlstand bescherte.

Auch kulturell spielte Florenz unter den Großherzögen weiterhin eine wichtige Rolle. So entwickelten Musiker und Schriftsteller, die in der *Camerata fiorentina* zusammenkamen, Theorien eines Gesamtkunstwerks aus Text und Musik. Diese Ideen wurden 1597 und 1600 in den europaweit ersten Aufführungen von Opern (nach Textbüchern von Ottavio Rinuccini und Musik von Jacopo Peri) verwirklicht – ein Ruhm, der bald danach durch die Aufführungen der stilbildenden Opern Claudio Monteverdis in Mantua überstrahlt werden sollte.

Durch die Berufung Galileo Galileis an den Hof der Medici wurde Florenz ab 1610 zum Zentrum der modernen Naturwissenschaften. Auf die Position als Hofmathematiker in den Diensten des Großherzogs hatte der aus Pisa gebürtige Gelehrte zielstrebig hingearbeitet. So widmete er die Monde des Jupiter, die er durch das von ihm verbesserte Fernrohr beobachtet hatte, den Medici und benannte sie nach ihnen. In einem ausführlichen Schreiben an Maria Christina, die Mutter des von 1609 bis 1621 regierenden Großherzogs Cosimo II., legte Galilei seine revolutionären Vorstellungen zum Verhältnis von Theologie und Naturwissenschaft mit aller Konsequenz und Schärfe dar. Seiner Ansicht nach traf die Bibel keine Aussagen zum Himmelssystem. Wenn im Alten Testament davon die Rede war, dass die Sonne auf Befehl Gottes still stand, so musste man diese Verse, die für ein ungebildetes Publikum bestimmt waren, nicht wörtlich, sondern im übertragenen Sinn ausdeuten. Das letzte Wort zu den Gesetzen des Kosmos und der Natur hatte der Naturwissenschaftler, das heißt Galilei selbst. Er allein konnte die Sprache der Natur, die aus mathematischen Zeichen bestand, entziffern, und zwar durch Beobachtung und jederzeit wiederholbare Versuche. Die daraus abgeleiteten Formeln fassten die ewigen und unabänderlichen Gesetze der von Gott geschaffenen Natur zusammen.

Auf dieser methodischen Grundlage hielt Galilei das kopernikanische Weltbild mit der unbeweglichen Sonne im Mittelpunkt für erhärtet. Obwohl ihm schon 1616 von der römischen Indexkongregation untersagt worden war, das heliozentrische Modell des Kosmos als bewiesene Wahrheit zu lehren, veröffentlichte er 1632 in Florenz eine Schrift, die dieser Überzeugung in Form eines Gesprächs unter Gelehrten unzweifelhaft Ausdruck verlieh – und fand sich kurz darauf als Angeklagter in Rom wieder. Mit diesem *Dialog über die beiden hauptsächlichen Weltsysteme* verstieß Galilei nicht nur gegen das Verbot von 1616, sondern brüskierte auch den regierenden Papst Urban VIII. Barberini, der aus Florenz stammte und sich seit seiner Wahl vor neun Jahren als Bewunderer und Förderer seines toskanischen Landsmanns erwiesen hatte. In der Diskussion pro und contra Kopernikus legte Galilei dem eitlen Pontifex maximus die dümmlichsten Argumente in den Mund und gab ihn damit der Lächerlichkeit preis. Dieser Affront geschah überdies zum ungünstigsten Zeitpunkt. Urbans Ansehen war schwer beschädigt, nachdem ihm ein spanischer Kronkardinal vorgeworfen hatte, durch seine einseitige Parteinahme für das mit dem protestantischen Schweden verbündete Frankreich die katholischen Interessen im Dreißigjährigen Krieg aufs Schwerste zu schädigen. In dieser bedrängten Lage bot es sich an, an Galilei ein Exempel zu statuieren. Alle Fürsprache des Großherzogs Cosimo II. konnte nicht verhindern, dass sein Hofmathematiker und Hofphilosoph sich in Rom dem Inquisitionsprozess stellen musste; während dieser Zeit residierte Galilei nobel in der hochherrschaftlichen Villa Medici auf dem Pincio-Hügel in Rom. Die Inquisition verurteilte Galilei im Juni 1633 dazu, seinen «Irrtümern» abzuschwören, und stellte ihn danach in seiner Villa bei Florenz unter Hausarrest. Dass das Urteil relativ milde ausfiel, ist nicht zuletzt auf die Protektion zurückzuführen, die der Großherzog seinem Höfling weiterhin gewährte. Pläne, dem großen Physiker nach seinem Tod im Januar 1642 ein feierliches Begräbnis auszurichten, wurden allerdings von römischer Seite durchkreuzt. Auch ein repräsentatives Grabmal in der Basilika Santa Croce erhielt Galilei erst 1737.

Im selben Jahr starben die Medici im Mannesstamm aus. Alle Bemühungen der beiden letzten Großherzöge Cosimo III. und Gian Gastone, deren Homosexualität an den Höfen Europas ein offenes Geheimnis war, den Fortbestand der Familie zu sichern, waren unter tragikomischen Umständen gescheitert. Auch die verzweifelten Versuche, die weibliche Erbfolge einzuführen oder Florenz nach dem Erlöschen der Medici wieder in eine Republik umzuwandeln, schlugen fehl. Nur die Garantie, dass Florenz und sein Staatsgebiet nicht aufgeteilt werden sollten, konnte der letzte Großherzog von den Großmächten erwirken. Als mindestens ebenso wichtig erwies sich das Testament seiner Schwester Anna Maria Luisa (1667–1743), die mit dem pfälzischen Kurfürsten Wilhelm von Neuburg verheiratet war. Darin legte sie fest, dass die Kunstsammlungen ihrer Familie, die im 17. Jahrhundert durch gezielte Zukäufe erweitert worden waren und weltweit ihresgleichen suchten, an die nachfolgenden Großherzöge übergehen sollten, doch von diesen weder veräußert noch aus Florenz fortgeschafft werden durften. Schon seit dem späten 16. Jahrhundert wurden diese Meisterwerke in den Uffizien – den von Vasari für die Behörden Cosimos I. geschaffenen Amtsräumen – aufgestellt und Besuchern zugänglich gemacht.

Diese Bestimmungen wurden von der Dynastie Habsburg-Lothringen respektiert, der das Großherzogtum Toskana nach dem Willen der europäischen Kabinette zufiel. Als sie 1737 die Herrschaft in Florenz übernahm, war die Stadt längst als ein einzigartiges Museum der Künste zum Pilgerziel von Bildhauern und Malern geworden; auch junge europäische Adelige legten auf ihrer Kavalierstour einen obligatorischen Aufenthalt in Florenz ein. Die neuen Herren von Florenz waren allerdings der Ansicht, dass ihre Hauptstadt nicht allein von Erinnerungen leben konnte. Im Geiste der Frühaufklärung gingen sie daran, Florenz und seinem Territorium neue Gewerbe, neue Einnahmequellen, neue Ideen und neue Männer in Führungspositionen zu verschaffen. Nach zweihundert Jahren wurde so das Monopol der großen Familien auf die Führungspositionen des Staates aufgebrochen. Nicht nur die Privilegien des Adels, sondern auch die Vorrechte der Kirche, die sich dem Zugriff der staatlichen Organe weitgehend entzog, gerieten ins Visier der habsburgischen Beamten. Zu durchgreifenden Resultaten führten diese von oben unternommenen Modernisierungsversuche jedoch erst ab 1765.

In diesem Jahr übernahm mit Großherzog Pietro Leopoldo, dem späteren Kaiser Leopold II. (1790–1792), ein radikaler Reformer die Regierung, der entschlossen war, aus seinem weiterhin rückständigen Territorium einen europäischen Modellstaat im Geiste von Vernunft und Fortschritt zu machen. Im Gegensatz zu seinem Bruder, Kaiser Joseph II., strebte Pietro Leopoldo dieses Ziel nicht autoritär mit Zwangsmaßnahmen und Verboten, sondern in enger Kooperation mit der florentinischen Oberschicht an. Dabei schwebte ihm eine Zivilgesellschaft vor, die sich ohne obrigkeitliche Interventionen eigenverantwortlich selbst regulierte. Dieses Unterfangen gelang ihm in einem Vierteljahrhundert bis 1790 vor allem auf wirtschaftlichem und kulturellem Gebiet.

Im Geiste aktuellster Freihandelstheorien wurden die alten Restriktionen für Getreideanbau und -verkauf aufgehoben. Die Sümpfe in der Maremma wurden trockengelegt und die neu gewonnenen Anbauflächen in Bauernstellen parzelliert. Auch staatliches Land ging jetzt in Bauernhand über, sei es als freies Eigentum, sei es durch Langzeitpachten. 1770 wurden in Florenz die Zünfte aufgehoben, die das wirtschaftliche und soziale Leben der Stadt ein halbes Jahrtausend lang geprägt hatten. Freisetzung produktiver Energien und Förderung der produktiven Klassen der Gesellschaft lautete jetzt die Parole. Darüber hinaus verlor die Kirche ihre Sonderrechte, darunter die Bücherzensur; nach dem Willen des habsburgischen Großherzogs sollte sie keine Zwangsgewalt mehr ausüben, sondern die Menschen zu einem sittlich einwandfreien Leben und zur Toleranz erziehen. In der Justiz wurde nicht nur die Folter, sondern 1786 auch die Todesstrafe abgeschafft, ganz wie es der Mailänder Aufklärer Cesare Beccaria in einem Aufsehen erregenden Traktat gut zwei Jahrzehnte zuvor gefordert hatte.

An Grenzen stieß der rastlose Reformaktivismus des Großherzogs mit einem kühnen Verfassungsentwurf. Darin war eine Gewaltenteilung im Geiste Montesquieus vorgesehen, die einer Selbstbindung des Herrschers gleichkam: Diesem sollte uneingeschränkt nur noch die Exekutive vorbehalten bleiben, die Legislative hingegen einem Parlament übertragen werden, das die besitzende Oberschicht zu wählen hatte. Doch dieser Entwurf einer konstitutionellen Monarchie war selbst den fortschrittlicheren Vertretern der Florentiner Elite zu kühn und wurde nicht verwirklicht.

Widerstände gab es auch von unten. Dass Getreide innerhalb des Staatsgebiets frei gehandelt und sogar exportiert werden durfte, wenn die Preise eine Obergrenze nicht überschritten, schürte tief verwurzelte Ängste der kleinen Leute. Sie fürchteten ein Komplott der Reichen, die ein Kornkartell einrichten und die große Mehrheit der Bevölkerung ausplündern oder als unnütze Kostgänger sogar verhungern lassen wollten. Zur Unzufriedenheit trug weiter bei, dass von den Landverteilungsaktionen der Regierung vor allem die Honoratioren in den Dörfern und Städten profitierten. Dieser aus Adel und Bürgertum neu verschmolzenen Schicht der Landbesitzer war es denn auch vorbehalten, ihre Gemeinderäte frei zu wählen – ein neues Privileg, das die alten Ängste von Kleinbauern und Tagelöhnern weiter steigerte. So endete das Ancien Régime in Florenz durch die einschneidende Reformgesetzgebung eines aufgeklärten Monarchen schon vor der Französischen Revolution. Ja, die neue Ordnung der Toskana und ihrer Hauptstadt, wie sie Pietro Leopoldo geplant hatte, ähnelte in vieler Hinsicht dem Frankreich des Jahres 1791 mit seiner Zensusverfassung und seiner neuen, auf Besitz und Steueraufkommen gestützten Elite.

Der Weg in die Gegenwart

Eine stabile neue Ordnung begründeten die «leopoldinischen» Reformen nicht. Schon unter Pietro Leopoldos Nachfolger, dem seit 1790 regierenden Großherzog Ferdinand III., mussten einige der Neuerungen rückgängig gemacht werden. Und ab 1796 geriet Florenz in den Sog der Eroberungen, die General Napoleon Bonaparte im Auftrag des Pariser Direktoriums in Italien vornahm. Dabei konnte sich der habsburgische Großherzog durch seine Neutralität bis zum Frühjahr 1799 in seiner Hauptstadt behaupten. In diesem Jahr waren auf der ganzen Halbinsel heftige Kämpfe zwischen den französischen Truppen und den Kräften der Gegenrevolution ausgebrochen, die vor allem von der ländlichen Bevölkerung unterstützt wurden. Am 27. März 1799 wurde Ferdinand III. ins Exil geschickt und Florenz unter französische Verwaltung gestellt. Nach einem erneuten habsburgischen Intermezzo im Sommer desselben Jahres übertrug Napoleon 1801 Florenz und die Toskana dem 28-jährigen Prinzen Louis de Bourbon-Parma. Sein hochtönender Titel eines «Königs von Etrurien» konnte nicht verdecken, dass er ein Befehlsempfänger des französischen Diktators war. Louis starb bereits 1803; 1807 wurde die Toskana kurzerhand von Frankreich annektiert, doch schon 1809 als Großherzogtum Toskana wiederhergestellt, diesmal unter der Herrschaft von Napoleons Schwester Elisa und ihrem korsischen Gatten Felice Bacciochi. Doch auch dieses Familienfürstentum blieb Episode. Bei Anbruch der Napoleon-Dämmerung kehrte Ferdinand III. von Habsburg-Lothringen Ende Januar 1814 nach Florenz zurück. Das Zeitalter der Restauration brach an.

In Florenz wurde die alte Ordnung mit Augenmaß wiederhergestellt. Die moderaten Reformen des 18. Jahrhunderts blieben in Kraft, so dass die Unterschiede zwischen den zahlreichen Regimen ab 1799 insgesamt wenig spürbar waren. Ob französische Präfekten oder großherzogliche Funktionäre in den Amtsstuben das Sagen hatten, war für die große Mehrheit der Florentiner unerheblich. Dagegen wurden atmosphärische Veränderungen stark empfunden. Der neue alte Großherzog spazierte ohne militärische Eskorte durch die Straßen seiner Hauptstadt und unterhielt sich leutselig mit seinen Untertanen – ganz im Gegensatz zu den französischen Besatzern, gegen deren Herrschaft es zu Aufständen auf dem Lande und in den kleineren Städten gekommen war. Als Großherzog in der dritten Generation galt der Habsburger Ferdinand III. den Florentinern nicht als «Fremdherrscher». Die Parolen des Risorgimento, die eine Wiedergeburt Italiens davon abhängig machten, dass das Joch fremder Herrscher abgeschüttelt wurde, zündeten deshalb am Arno weniger als in Mailand.

Ferdinands Sohn und Nachfolger Leopold II., der ab 1824 regierte, setzte diesen liberalen Kurs fort. Im Revolutionsjahr 1848 brachen auch in den toskanischen Städten Livorno und Pisa Aufstände für den nationalen Einheitsstaat aus. Um diese Bewegung zu schwächen, gab Leopold II. seinem Land eine liberale Verfassung und berief mit Bettino Ricasoli und Gino Capponi moderat liberale Politiker aus alteingesessenen Adelsfamilien. Als jedoch der König von Sardinien-Piemont, der sich an die Spitze der nationalen Einigung von oben gestellt hatte, von den Österreichern vernichtend geschlagen wurde, spitzte sich die politische Lage auch in der Toskana zu. Anfang 1849 rief das demokratische Triumvirat Francesco Guerrazzi, Giuseppe Montanelli und Giuseppe Mazzini in Florenz die Republik aus und vertrieb den Großherzog. Allerdings konnte diese provisorische Regierung Florenz nicht gegen die übermächtige Armee des achtzigjährigen österreichischen Marschalls Radetzky verteidigen. Schon im Sommer 1849 kehrte Leopold II. in seine Hauptstadt am Arno zurück, wo er für weitere zehn Jahre regierte.

In der Mitte des 19. Jahrhunderts führte Florenz längst ein Doppelleben in Mythos und Realität, Vergangenheit und Gegenwart. Für die romantischen Dichter und Historiker, die von einer glanzvollen Erneuerung italienischer Größe träumten, stellte sich die Geschichte der Stadt ambivalent da. Vor allem ein linker Flügel der nationalen Bewegung sah den Höhepunkt der italienischen Geschichte und damit den Anknüpfungspunkt für die Gegenwart in der Zeit der Kommune, die als eine frühe Form der Volksregierung und damit der Demokratie gedeutet wurde. Für die Medici blieb unter diesem Blickwinkel nur die undankbare Rolle der Republikzerstörer und Tyrannen. So hatte schon der erste große Wortführer des Risorgimento, der piemontesische Adelige Vittorio Alfieri, argumentiert, der nach Florenz zog, um gutes Italienisch zu lernen und sich kulturell zu italienisieren: Mit der zuerst perfide verschleierten, dann offen ausgeübten Despotie der Medici wurde seiner Ansicht nach erst Florenz und dann im Zeichen der spanischen Vorherrschaft ganz Italien der Nationalgeist ausgetrieben. Das Zeitalter der Renaissance erschien so als eine Zeit, in der zwar große Kunstwerke entstanden, doch der Volksgeist und damit die wahre *italianità* verkümmerte. Dass die Renaissance als Epoche des kühnen Aufbruchs und der umfassenden Erneuerung nicht in Italien, sondern nördlich der Alpen, in der Studierstube des Basler Historikers und Kunsthistorikers Jacob Burckhardt, erfunden wurde, war somit kein Zufall.

Eng mit diesen Debatten verbunden war die Frage der künftigen Hauptstadt: Wo sollte das Zentrum des zu einigenden Nationalstaats liegen? Ernsthaft in Frage kamen nur Rom und Florenz. Die Ewige Stadt wurde von den Anhängern Mazzinis, des charismatischen Propheten eines demokratischen Einheitsstaates, aber auch von den konservativen Befürwortern einer nationalen Monarchie des Hauses Savoyen favorisiert. Florenz hingegen war die Wunsch-Kapitale linksbürgerlicher Demokraten, die auf einen föderalistischen Staatsaufbau setzten. Auf diese Weise wurden die Debatten der florentinischen Humanisten über das Verhältnis von Imperium und Kommune um das Spannungsverhältnis von Freiheit und Einheit erweitert und nach der Niederwerfung der Revolutionen von 1848/49 zeitgemäß wiederbelebt.

Von liberalen Freiheiten konnte unter der Regierung Leopolds II. nach 1849 keine Rede mehr sein. Die Verfassung wurde aufgehoben und die Pressezensur verschärft; führende Risorgimento-Aktivisten wanderten ins Gefängnis, österreichische Truppen zogen in die florentinische *Fortezza da basso* ein, um erneute Aufstände im Keim zu unterdrücken. Die florentinische Elite wandte sich von diesem reaktionären Herrscher, der die urflorentinischen Traditionen verriet, ab und schloss sich 1859 dem erneut von Turin ausgehenden Einigungsprozess von oben an. Die Einigung Italiens stand nun unter der souveränen Leitung des piemontesischen Premierministers Camillo Cavour und damit unter sehr viel günstigerem Vorzeichen als elf Jahre zuvor. Cavour gewann Napoleon III., den Kaiser der Franzosen, zum Verbündeten und damit das militärische Potential, um es mit Österreich aufzunehmen. Nach dem Sieg bei Solferino endete die habsburgische Herrschaft in der Lombardei. Dieser Entwicklung schauten die toskanischen Eliten nicht tatenlos zu. Schon im April 1859 organisierten sie in allen wichtigeren Städten Demonstrationen für den Anschluss an das geeinte Italien.

Diesem Druck der Straße beugte sich Leopold II. kampflos. Am 27. April verließ der letzte Großherzog der Toskana seine Hauptstadt Florenz, ohne formell abgedankt zu haben. Bei diesem lautlosen Herrschaftswechsel ging nicht eine einzige Fensterscheibe zu Bruch. Der nächste politische Schritt bestand in einer Volksbefragung. Das Votum aller volljährigen Toskaner ergab eine große Mehrheit für den Anschluss an das neue Königreich Italien unter König Vittorio Emanuele II. von Sardinien-Piemont. Die eigenständige Geschichte von Florenz war damit zu Ende.

Noch nicht zu Ende war jedoch der Prozess der nationalen Einigung. Venedig gehörte weiterhin zum habsburgischen Herrschaftsbereich, und in der Ewigen Stadt regierte der Papst als Souverän eines reduzierten Rumpf-Kirchenstaats. Im März 1861 wurde das Königreich Sardinien offiziell in das Königreich Italien umgewandelt. Um dies auch äußerlich sichtbar zu machen und um Ansprüche auf die «unerlösten» Gebiete zu erheben, war die Verlegung der Hauptstadt aus Turin unumgänglich – sehr zum Ärger der Turiner, die ihrer Wut über diesen Rangverlust in Straßenschlachten Luft machten, die fast zweihundert Todesopfer forderten. Da man das weiter vom Papst beherrschte Rom nicht haben konnte, wurde Florenz Anfang 1865 zur Ersatz-Hauptstadt auserkoren.

Die neue Rolle war mit einschneidenden Veränderungen verbunden. Um 1860 hatte die Stadt am Arno 114 000 Einwohner gezählt; gegenüber der napoleonischen Ära hatte sich ihre Zahl innerhalb eines halben Jahrhunderts fast verdoppelt – und damit erstmals seit einem halben Jahrtausend den Höchststand der 1330er Jahre nicht nur erreicht, sondern sogar übertroffen. Allein in dem Jahrfünft zwischen 1865 und 1870 stieg die Bevölkerung durch die vielen neuen Ministerien und Behörden nochmals sprunghaft auf 200 000 an, um danach wieder deutlich abzunehmen. Für die kurzfristige Erhöhung zur Hauptstadt Italiens zahlte die Stadt einen hohen Preis. Um die Würde des neuen Königreichs anschaulich zu machen, wurden zentrale Teile der Altstadt um die Kirche San Lorenzo und das Kloster San Marco abgerissen und neue Plätze wie die Piazza della Repubblica mit monumentalen Repräsentationsbauten angelegt. So war es kein Wunder, dass die Florentiner dem König und seinen Ministern keine Träne nachweinten, als diese nach der Eroberung Roms am 20. September 1870 an den Tiber abwanderten.

Die Florentiner erhielten in Gestalt der Touristen, die aus der ganzen Welt an den Arno strömten, einen mehr als ausreichenden Ersatz für die Königsfamilie. Mit dem Geschichtswerk des französischen Historikers Jules Michelet und Jacob Burckhardts epochaler *Cultur der Renaissance in Italien* von 1860 war die Renaissance und damit auch Florenz als deren Zentrum in Mode gekommen, bei Geisteswissenschaftlern, bildenden Künstlern, Literaten und Komponisten, doch zunehmend auch bei kulturell interessierten Reisenden. Die Stadt der Erinnerung wurde zur Stadt der auswärtigen Besucher. Die wohlhabenden unter ihnen quartierten sich in den Stadtpalästen und in den Villen der Umgebung für mehrere Monate oder auch auf Lebenszeit ein; speziell die englische Kolonie bildete vom Fin de Siècle bis in die 1930er Jahre eine kleine Stadt in der Stadt.

Am Ende des 19. Jahrhunderts erstarkten in der Toskana sozialistische Bewegungen, deren Wortführer zuerst substantielle Verbesserungen des traditionellen Halbpachtsystems (*mezzadria*) und schließlich eine umfassende Umverteilung von Grund und Boden forderten. Nicht zufällig fand so der Faschismus in Florenz ab den frühen 1920er Jahren eine starke Bastion. Die toskanischen Land- und Fabrikbesitzer dankten es dem Diktator Benito Mussolini, dass er sie vor der «roten Gefahr» rettete. Für seine Propagandainszenierungen nutzte der Duce Florenz allerdings weniger intensiv als Rom mit seinen imperialen Traditionen. Weitgehende Umbauten, wie sie die Ewige Stadt in der Umgebung der antiken Foren hinnehmen musste, blieben Florenz in der faschistischen Ära daher erspart. Als Symbol der italienischen Kultur war Florenz gleichwohl bei Besuchen auswärtiger Potentaten unverzichtbar; so führte Mussolini seinen Staatsgast Adolf Hitler gezielt in die Galleria degli Uffizi, um ihm die künstlerische und zivilisatorische Überlegenheit Italiens vor Augen zu führen.

Nach dem Zusammenbruch des faschistischen Regimes im Sommer 1943 geriet Florenz in den Machtbereich von Wehrmacht und SS sowie der von dieser protegierten faschistischen Terrorkommandos und auf diese Weise in höchste Gefahr. Als sich die alliierten Truppen der Stadt näherten, sprengten die

Deutschen die Arnobrücken mit Ausnahme des Ponte Vecchio. Die angrenzenden Wohnbezirke wurden gleichfalls zerstört, doch blieb das einzigartige kulturelle Patrimonium der Stadt im Wesentlichen erhalten.

Ganz andere Kräfte bedrohten Florenz am 4. November 1966. Nachdem der Arno in der Nacht zuvor nach tagelangen Regenfällen so stark angeschwollen war, dass der Ponte Vecchio einzustürzen drohte, überspülten kurz vor zehn Uhr vormittags die Fluten den Domplatz. Zahlreiche Kunstwerke wurden durch die Feuchtigkeit und die Schlammmassen schwer beschädigt. Was Florenz für die Welt bedeutete, zeigte sich in der anschließenden Welle der Hilfsbereitschaft. Nicht nur Spendengelder, sondern auch Freiwillige strömten in die Stadt, um bei der Reinigung und Wiederherstellung von Gebäuden und Fresken zu helfen.

Seitdem hat die Zahl der Besucher aus allen Teilen der Welt immer weiter zugenommen. Wer die Uffizien besuchen möchte, tut gut daran, in Anbetracht des Andrangs und der Warteschlangen seine Billets im Voraus zu reservieren; wer es bis in Benozzo Gozzolis Kapelle des Palazzo Medici geschafft hat, muss die lieblichen Fresken schon nach wenigen Minuten wieder verlassen, um nachrückenden Besuchern Platz zu machen. So sind die Florentiner des 21. Jahrhunderts herausgefordert, neue Lösungen für ihre Stadt zu finden, die nicht nur ihnen, sondern der ganzen Welt gehört.

Zeittafel

59 v. Chr.	Cäsar gründet Florenz für Veteranen des Feldherrn Pompeius.
3. Jh. n. Chr.	Wirtschaftliche Blütezeit.
313	Erste Erwähnung eines Bischofs.
393	Weihe der Kirche San Lorenzo in Anwesenheit des Mailänder Bischofs Ambrosius.
539	Im Kampf zwischen Ostgoten und Byzanz wird die Stadt schwer in Mitleidenschaft gezogen.
nach 569	Florenz wird zum Sitz eines langobardischen Herzogs.
854	Zusammenlegung der Grafschaften Fiesole und Florenz.
10. Jh.	Niederlassung der Kamaldulenser in Florenz und Umgebung
1060–1150	Bau des Baptisteriums.
1082	Erfolglose Belagerung der Stadt durch Kaiser Heinrich IV.
1125	Florenz erobert Fiesole.
1138	Erste Erwähnung der Kommune unter vier Konsuln.
1200	Florenz hat ca. 25 000 Einwohner. Spaltung der Stadt in Guelfen und Ghibellinen, lokale Interessengruppen mit überregionaler Anbindung.
1238	Unterordnung der Stadt unter Kaiser Friedrich II.
1246–1325	Bau der Dominikanerkirche Santa Maria Novella. 1296 folgen die Franziskaner mit der Kirche Santa Croce nach.
1250	Erstmals gelangt mit dem *popolo grasso* eine nichtadelige Schicht wohlhabender Kaufleute, Textilproduzenten und Handwerker an die Macht; ihr Aufstieg spiegelt den wirtschaftlichen Aufschwung der Stadt, die zu einem europäischen Zentrum von Textilproduktion und Bankwesen wird.
1267	Mit französischer Hilfe gelangen die alten Geschlechter guelfischer Ausrichtung ein letztes Mal an die Macht.
1282	Einrichtung des «Zunftregiments»: die wirtschaftliche Führungsschicht aus Bankiers, Textilproduzenten und Großhändlern besetzt die Schlüsselpositionen der Republik.
1293	Gesetzgebung gegen die Magnaten: als Störer der öffentlichen Ruhe werden zahlreiche alte Familien von den Ämtern ausgeschlossen.
1302	Die Stadtregierung bezieht ihren neuen Amtssitz, den Palazzo della Signoria.

1338–1343	Krise und Zusammenbruch der großen Handelskompanien als Folge der englischen Schuldenkrise. Kurzfristige Alleinherrschaft des französischen Adeligen Walter von Brienne ab September 1342.
1348	Ausbruch der Pest: Florenz verliert gut ein Drittel seiner ca. 100 000 Einwohner; die Seuche kehrt von jetzt an alle zehn bis fünfzehn Jahre zurück.
1378, *Juli*	Aufstand der zunft- und rechtlosen Wollarbeiter (*Ciompi*); diese verlieren die Macht nach sechs Wochen an ein «gemischtes» Regime aus Unternehmern und Handwerkern.
1382	Wiederherstellung der alten Machtverhältnisse: In Florenz herrscht eine breite Oligarchie der wirtschaftlich führenden Familien.
1402	Durch den Tod des Mailänder Herzogs Gian Galeazzo Visconti, der seine Herrschaft bis Siena ausgedehnt hatte, kann Florenz seine Unabhängigkeit behaupten.
1406	Durch die Eroberung Pisas gewinnt Florenz direkten Zugang zum Tyrrhenischen Meer.
1427	Einführung eines allgemeinen Vermögensverzeichnisses, das eine gerechte direkte Besteuerung gewährleisten soll. Nach diesem Kataster zählt Florenz im Mai 37 144 Einwohner.
1429/30	Erfolgloser Krieg gegen Lucca. Der Machtkampf zwischen den Interessengruppen der Albizzi und der Medici eskaliert.
1433/34	Cosimo de' Medici wird verbannt, kehrt aber nach einem Jahr im Exil siegreich zurück. Zahlreiche Verbannungen von Medici-Gegnern, Aushöhlung des republikanischen Systems durch Handverlesung von Amtsträgern. In der Folgezeit regieren die Medici durch die Platzierung von Gefolgsleuten in Schlüsselpositionen.
1455–1458	Die Unzufriedenheit führender Patrizier stürzt die indirekte Herrschaft der Medici in eine Krise. Im August 1458 lässt Cosimo mit Mailänder Truppenhilfe seine Gegner verbannen.
1464–1466	Cosimos Sohn Piero de' Medici kann seine Nachfolge als Chef der Partei nur mit militärischer Unterstützung Mailands sichern.
1478, 26. *April*	Papst Sixtus IV. und Federico da Montefeltro von Urbino schließen sich mit den florentinischen Familien Salviati und Pazzi, die sich durch die Medici benachteiligt fühlen, zu einer Verschwörung zusammen. Lorenzo de' Medici, der Chef des Hauses, überlebt leicht verletzt, sein jüngerer Bruder wird ermordet. Die blutige Rache an den Verschwörern hat einen zweieinhalbjährigen Krieg zur Folge, in dem sich Florenz gegen den Papst und Neapel behaupten muss.
1489	Lorenzos Sohn Giovanni wird (vorerst geheim) Kardinal.
1492–1494	Nach Lorenzos Tod verspielt sein Sohn Piero de' Medici die Führungsstellung des Hauses rasch.

1494	Im November rückt der französische König auf dem Weg zur Eroberung Neapels gegen das neutrale Florenz vor. Piero de' Medici und seine nächsten Angehörigen fliehen ins Exil.
1494/95	Der Bußprediger und Endzeitprophet Girolamo Savonarola nutzt seine geistliche Autorität dazu, eine neue politische Ordnung durchzusetzen, die dem Mittelstand gleiche Rechte wie den Patriziern einräumt (*governo largo*). Der Große Rat wird zum Entscheidungszentrum der Republik.
1498	Savonarola verliert seine Autorität durch Verwicklung in die Kämpfe der florentinischen Netzwerke und wird auf der Piazza della Signoria verbrannt. Kurz darauf wird Niccolò Machiavelli Chef der Zweiten Kanzlei von Florenz.
1502	Piero Soderini wird zum Staatsoberhaupt auf Lebenszeit gewählt.
1504	Michelangelos Statue des David wird als neues Symbol der Republik vor dem Stadtpalast aufgestellt.
1512	Im August stürzt ein spanisch-päpstliches Heer das *governo largo* und führt die Medici nach Florenz zurück. Der Große Rat wird aufgelöst, die Medici herrschen erneut hinter republikanischer Fassade.
1513, 11. März	Kardinal Giovanni de' Medici wird zum Papst gewählt und nimmt den Namen Leo X. an. Bis 1521 wird Florenz von Rom aus regiert und kommt in steigendem Maße für die Kosten des Pontifikats auf. Leo X. macht seinen Neffen Lorenzo zum Herzog von Urbino.
1523, 19. Nov.	Kardinal Giulio de' Medici wird zum Papst gewählt (Clemens VII.). Die Herrschaft der Medici in Florenz wird durch die finanziellen Belastungen immer unbeliebter.
1527	Nach der Plünderung Roms durch deutsche und spanische Landsknechte, dem *Sacco di Roma*, werden die Medici erneut aus Florenz vertrieben. Das wiederhergestellte *governo largo* radikalisiert sich rasch und geht im Zeichen der Endzeiterwartung gegen die Patrizier vor.
1530, Aug.	Die Republik muss nach langer Belagerung durch ein spanisches Heer kapitulieren. Nach längerem Zögern setzt Kaiser Karl V. den unehelichen Sprössling Alessandro de' Medici zum Herzog der Republik Florenz ein.
1537–1574	Nach Alessandros Ermordung wird Cosimo de' Medici aus der jüngeren Linie des Hauses neuer Herzog und baut seine Herrschaft nach innen und außen durch Abmachungen mit den führenden Familien und dem Kaiser planvoll aus. Erfolgreiche Kulturpolitik durch Einbindung der führenden Intellektuellen und massive Propaganda durch Bauten, Statuen und Bilder.
1555	Eroberung der Republik Siena.

1569	Cosimo erreicht seine Erhöhung zum Großherzog der Toskana durch Papst Pius V. Diesen Titel führen seine Nachfolger bis zum Erlöschen der männlichen Linie im Jahre 1737.
1610	Galileo Galilei wird Hofmathematiker und Hofphilosoph in Florenz.
1737	Die Dynastie Habsburg-Lothringen erbt das Großherzogtum.
1743	Anna Maria Luisa (Ludovica) de' Medici, die Schwester des letzten Großherzogs Gian Gastone, hinterlässt die einzigartigen Kunstsammlungen der Familie den neuen Großherzögen, die sie nicht aus Florenz entfernen dürfen.
1765–1790	Intensive Reformtätigkeit im Geist der Aufklärung durch den Großherzog Pietro Leopoldo, den späteren Kaiser Leopold II.
1799–1814	Florenz gerät in den Strudel der Revolutionskriege und wird mit dem Großteil der Toskana zum französischen Vasallenstaat.
1814	Restauration des Hauses Habsburg-Lothringen.
1848/49	Durch die Revolution wird Großherzog Leopold II. vertrieben und danach mit österreichischer Truppenhilfe zurückgeführt.
1859	Im Zuge des von Piemont ausgehenden italienischen Einigungsprozesses verlässt Leopold II. im April Florenz, das sich dem 1861 proklamierten Königreich Italien anschließt.
1865–1870	Bis zur Eroberung Roms am 20. September 1870 ist Florenz Hauptstadt Italiens. Zahlreiche Neubauten zerstören wichtige Teile des historischen Zentrums.
1966	Im November richtet die Überschwemmung des Arno schwere Schäden an.

Literaturhinweise

Ames-Lewis, F. (Hg.): Cosimo «il Vecchio» de' Medici, 1389–1464. Essays in Commemoration of the 600th Anniversary of Cosimo de' Medici's Birth, Oxford 1992

Beyer, A./Boucher, B. (Hg.): Piero de' Medici «il gottoso» (1416–1469). Kunst im Dienst der Mediceer/Art in the Service of the Medici, Berlin 1993

Brown, A.: The Medici in Florence. The Exercise and Language of Power, Florenz 1992

Brucker, G.: Florenz. Stadtstaat – Kulturzentrum – Wirtschaftsmacht, München 1984

–: Florenz in der Renaissance. Stadt, Gesellschaft, Kultur, Reinbek 1990

Bullard, M. M.: Lorenzo il Magnifico. Image and Anxiety, Politics and Finance, Florenz 1994

Burr Litchfield, R.: Emergence of a Bureaucracy. The Florentine Patricians 1530–1790, Princeton 1986

Butters, H. C.: Governors and Government in Early Sixteenth Century Florence 1502–1519, Oxford 1985

Carew Reid, N.: Les fêtes florentines au temps de Lorenzo il magnifico, Florenz 1995

Chastel, A.: Art et humanisme à Florence au temps de Laurent le magnifique, Paris 1961

Clarke, P. C.: The Soderini and the Medici. Power and Patronage in Fifteenth-Century Florence, Oxford 1991

Cochrane, E.: Florence in the Forgotten Centuries. A History of Florence and the Florentines in the Age of the Grand Dukes, Chicago 1973

Cox-Rearick, J.: Dynasty and Destiny in Medici Art. Pontormo, Leo X. and the two Cosimos, Princeton 1984

Crum, R./Paoletti, J. T. (Hg.): Renaissance Florence. A Social History, Cambridge 2006

De Roover, R.: The Rise and Decline of the Medici Bank, 1397–1494, Cambridge/Mass. 1963

Faini, E.: Firenze nell' età romanica (1000–1211). L'espansione urbana, lo sviluppo istituzionale, il rapporto con il territorio, Florenz 2010

Garfagnini, G. C. (Hg): Lorenzo il Magnifico e il suo mondo, Florenz 1994

Gombrich, E. H.: The Early Medici as Patrons of the Arts, in: Ders., Norm and Form. Studies in the Art of the Renaissance, 2. Aufl. Edinburgh 1971, S. 35–57

Gualtieri, P.: Il comune di Firenze tra Due e Trecento. Partecipazione politica e assetto institutionale, Florenz 2009

Hale, J. R.: Die Medici und Florenz. Die Kunst der Macht, Stuttgart/Zürich 1979

Hankins, J.: Lorenzo de' Medici as a Patron of Philosophy, in: Rinascimento 34 (1994), S. 15–53

Heintze, H./ Staccioli, G./ Hesse, B. (Hg.): Lorenzo der Prächtige und die Kultur im Florenz des 15. Jahrhunderts, Berlin 1995

Hibbert, C.: Florence. The biography of a city, London 1993

Höchli, D.: Der Florentiner Republikanismus. Verfassungswirklichkeit und Verfassungsdenken zur Zeit der Renaissance, Bern/Stuttgart/Wien 2005

Kent, D.: The Rise of the Medici. Faction in Florence 1426–1434, Oxford 1978

–: Cosimo de' Medici and the Florentine Renaissance. The Patron's Oeuvre, New Haven/London 2000

Lang, H.: Cosimo de' Medici. Die Gesandten und die Condottieri. Diplomatie und Kriege der Republik Florenz im 15. Jahrhundert, Paderborn u. a. 2009

Leuker, T.: Bausteine eines Mythos. Die Medici in Dichtung und Kunst des 15. Jahrhunderts, Köln u. a. 2007

Levey, M.: Florence. A portrait, Cambridge/Mass. 1996

Marcolin, A.: Firenze in camicia nera, Florenz 1993

Martines, L.: Die Verschwörung. Aufstieg und Fall der Medici im Florenz der Renaissance, Darmstadt 2004

–: Fire in the City. Savonarola and the Struggle for the Soul in Renaissance Florence, Oxford 2007

Molho, A.: Firenze nel Quattrocento. Band 1: Politica e fiscalità. Band 2: Famiglia e società, Rom 2006–2008

Najemy, J. M.: A History of Florence, 1200–1575, London 2006

Polizzotto, L.: The Elect Nation. The Savonarolan Movement in Florence 1494–1545, New York 1995

Reinhardt, V.: Die Medici. Florenz im Zeitalter der Renaissance, 4. Aufl. München 2007

–: Geld und Freunde. Wie die Medici die Macht in Florenz eroberten, Darmstadt 2009

Rubinstein, N.: The Government of Florence under the Medici (1434 to 1494), 2. Aufl. Oxford 1997

Savellini, P. G. : Firenze nella cultura italiana del Novecento, Florenz 1993

Stephens, J. N.: The Fall of the Florentine Republic 1512–1530, Oxford 1983

Strunck, C. (Hg.): Die Frauen des Hauses Medici. Politik, Mäzenatentum, Rollenbild (1512–1743), Petersberg 2012

Tewes, G.-R.: Kampf um Florenz – die Medici im Exil 1494–1512, Köln u. a. 2011

Toscani, B. (Hg.): Lorenzo de' Medici. New Perspectives, New York 1993

Waquet, J.-C.: Le Grand-Duché de Toscane sous les derniers Médicis, Rom 1990

Weinstein, D.: Savonarola and Florence. Prophecy and Patriotism in the Renaissance, Princeton 1970

Personenregister

Bildnachweis

S. 8–9: Aus: P. Lee Rubin/ A. Wrigth: Renaissance Florence – The arts of the 1470s, London 1999, S. 13 | *S. 32:* Aus: A. Markschies: Brunelleschi, München 2011, S. 73 | *S. 43:* Aus: V. Reinhardt: Florenz zur Zeit der Renaissance, Freiburg 1990, S. 32 | *S. 68:* Aus: ebd., S. 153 | *S. 69:* Aus: P. Lee Rubin/ A. Wrigth: Renaissance Florence, S. 20 | *S. 74:* Aus: G. A. Brucker: Florenz. Stadtstaat, Kulturzentrum, Wirtschaftsmacht, München 1984, S. 90 | *S. 78:* Aus: A. Markschies: Brunelleschi, S. 56 | *S. 79:* Aus: E. Carbonell u.a.: Das Zeitalter der Renaissance, Stuttgart 2003, S. 230 | *S. 81:* Aus: V. Reinhardt: Florenz zur Zeit der Renaissance, S. 51 | *S. 82:* Aus: ebd., S. 88–89 | *S. 86:* Aus: ebd., S. 73 | *S. 91:* Aus: ebd., S. 188 | *S. 93:* Aus: ebd., S. 203 | *S. 98:* Aus: B. Agosti: Michel-Ange et son entourage, Florenz 2008, S. 211 | *S. 104:* Aus: V. Reinhardt: Florenz zur Zeit der Renaissance, S. 268 | *S. 106:* Aus: G. A. Brucker: Florenz, S. 249 | *vordere Umschlaginnenseite:* Aus: ebd., S. 24 | *hintere Umschlaginnenseite:* Peter Palm, Berlin